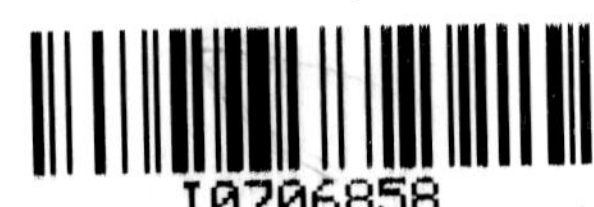
I0706858

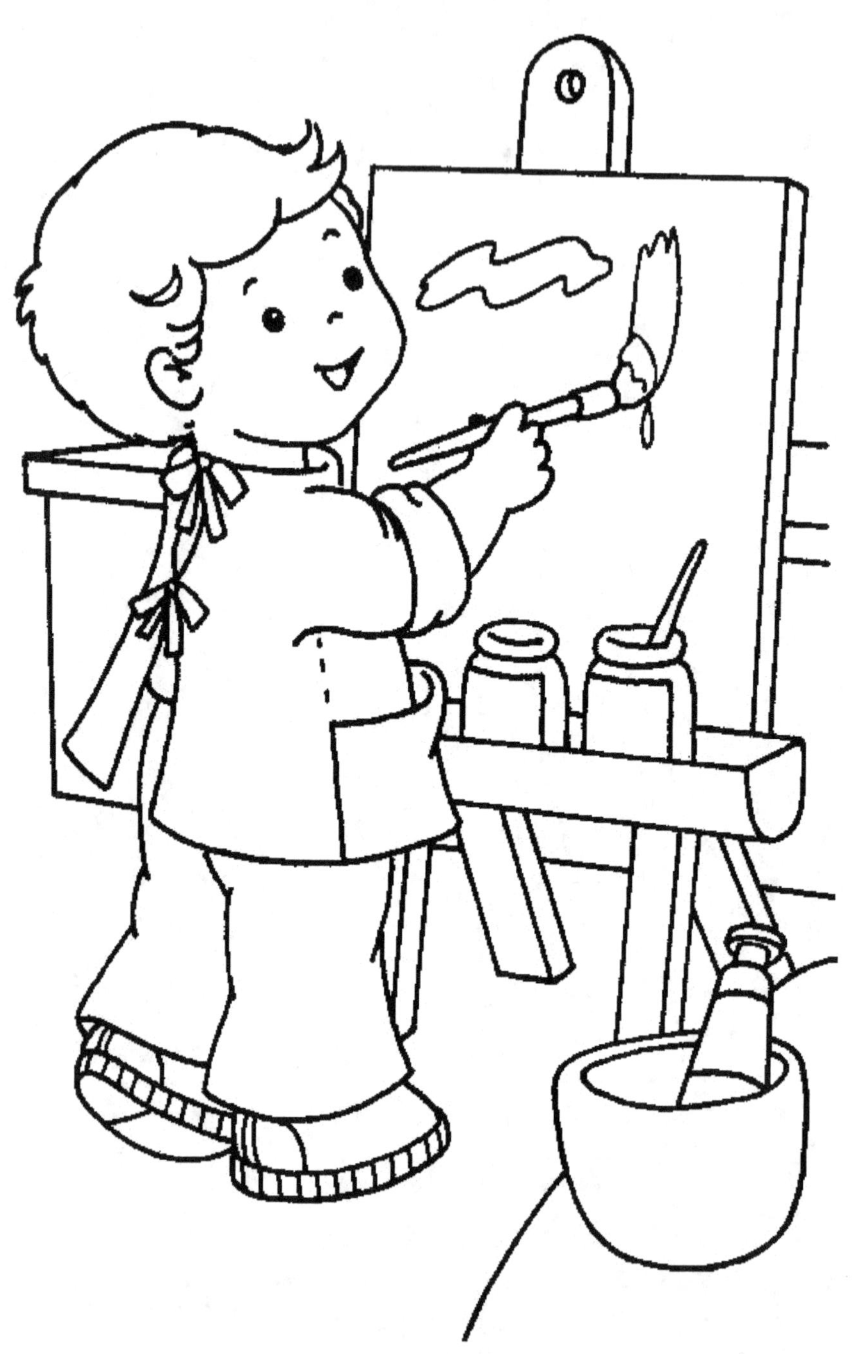

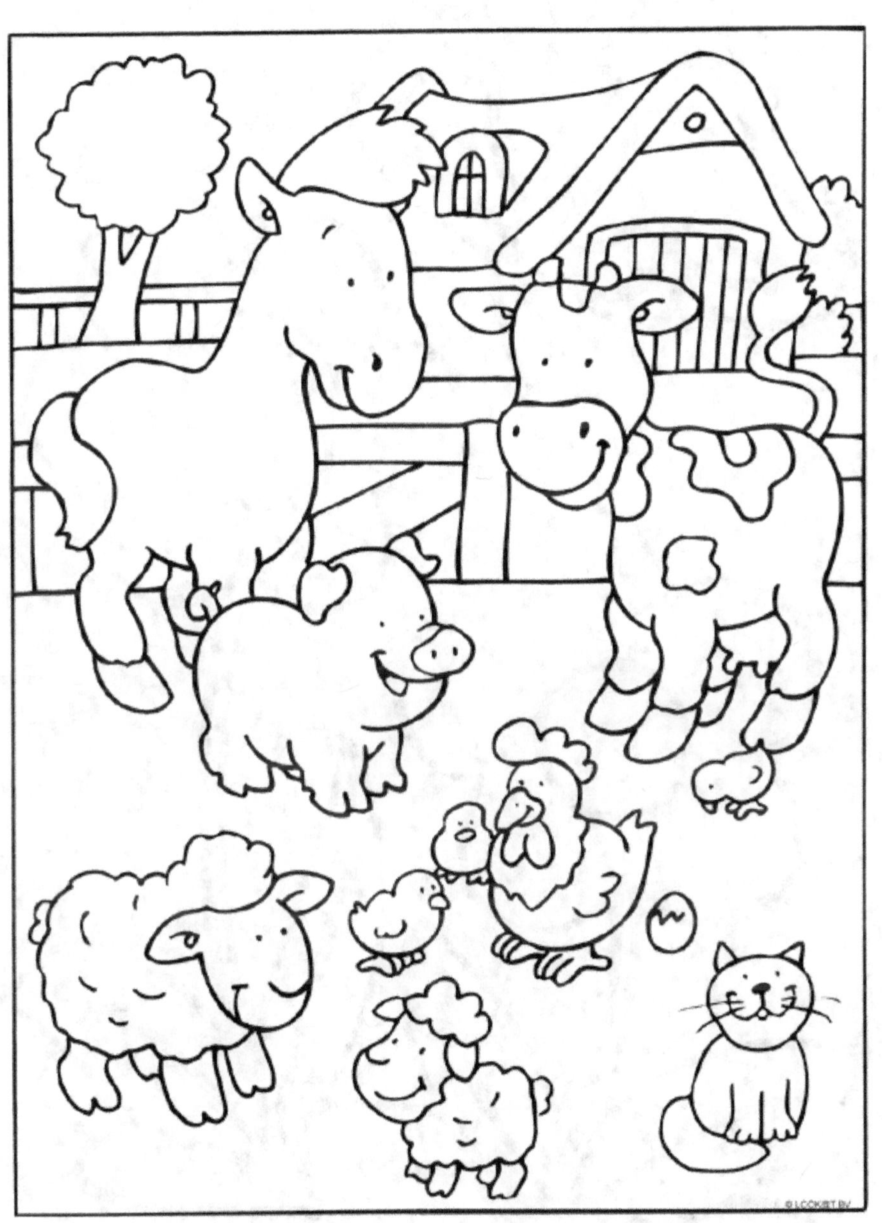

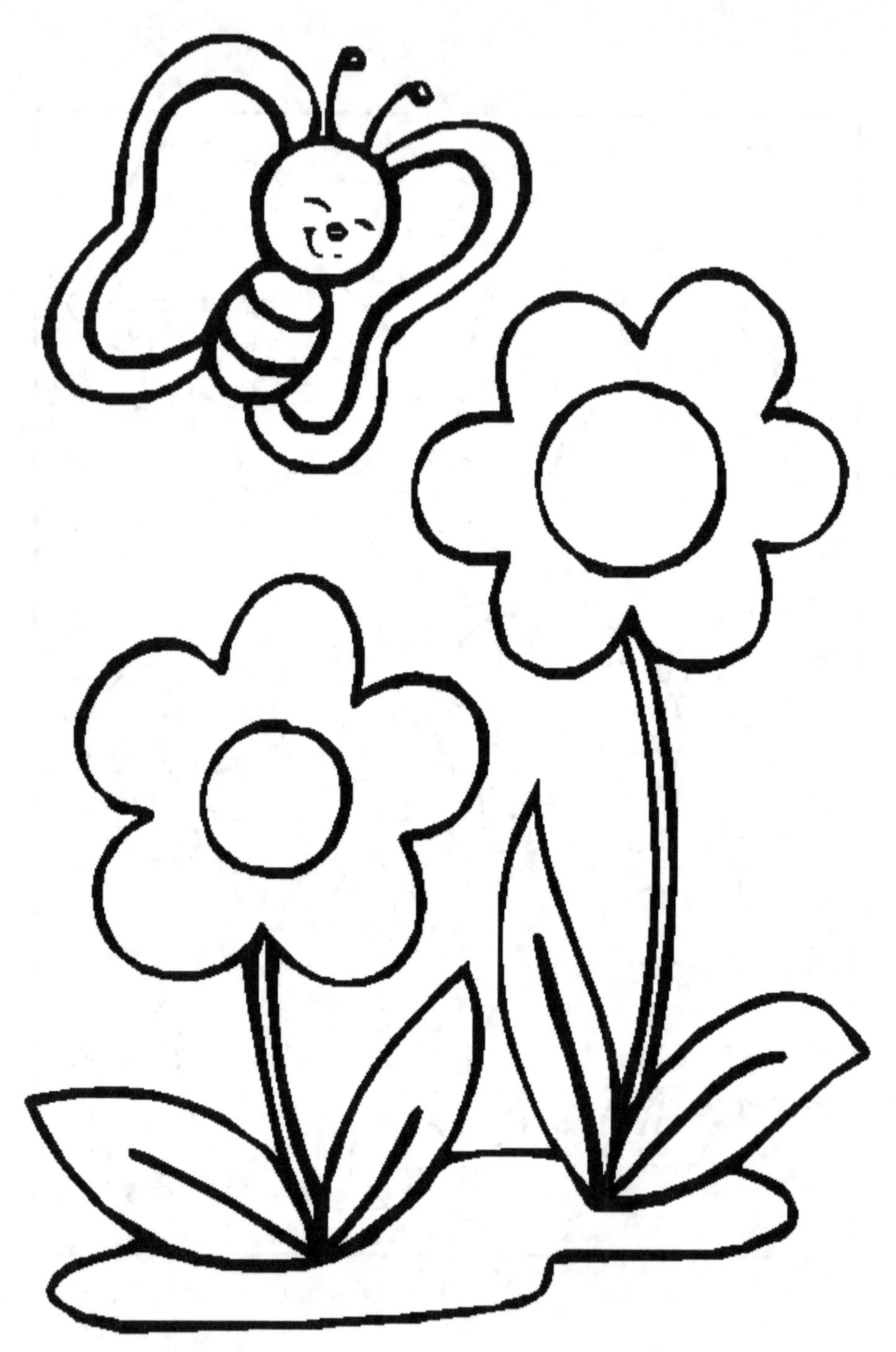

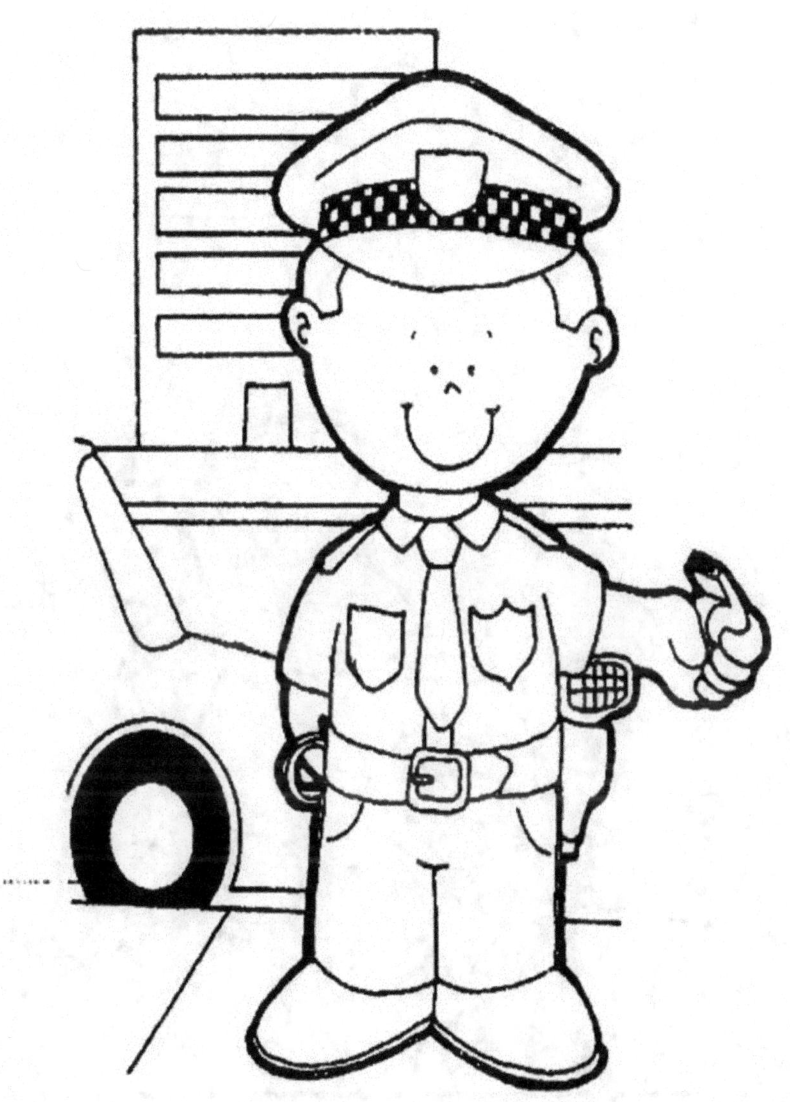

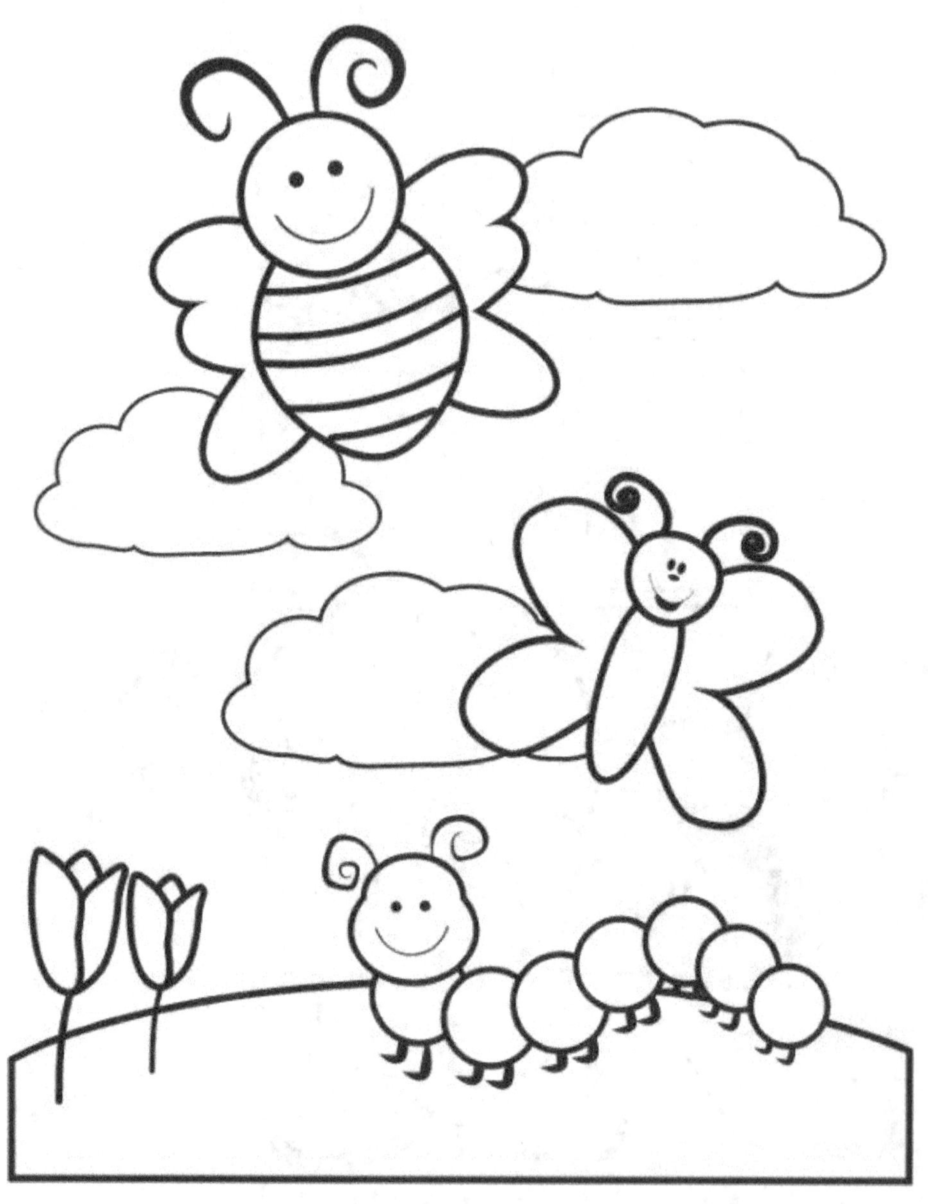

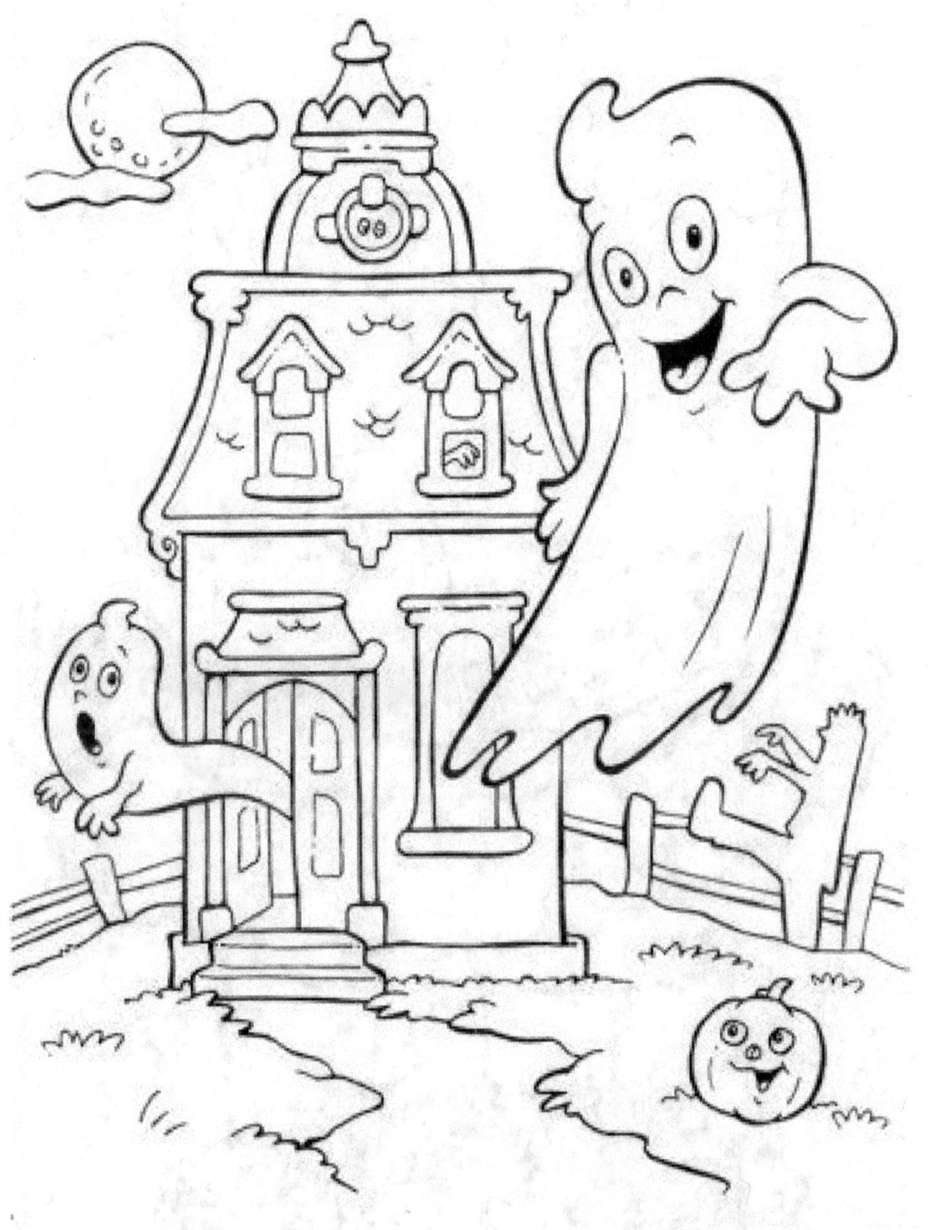

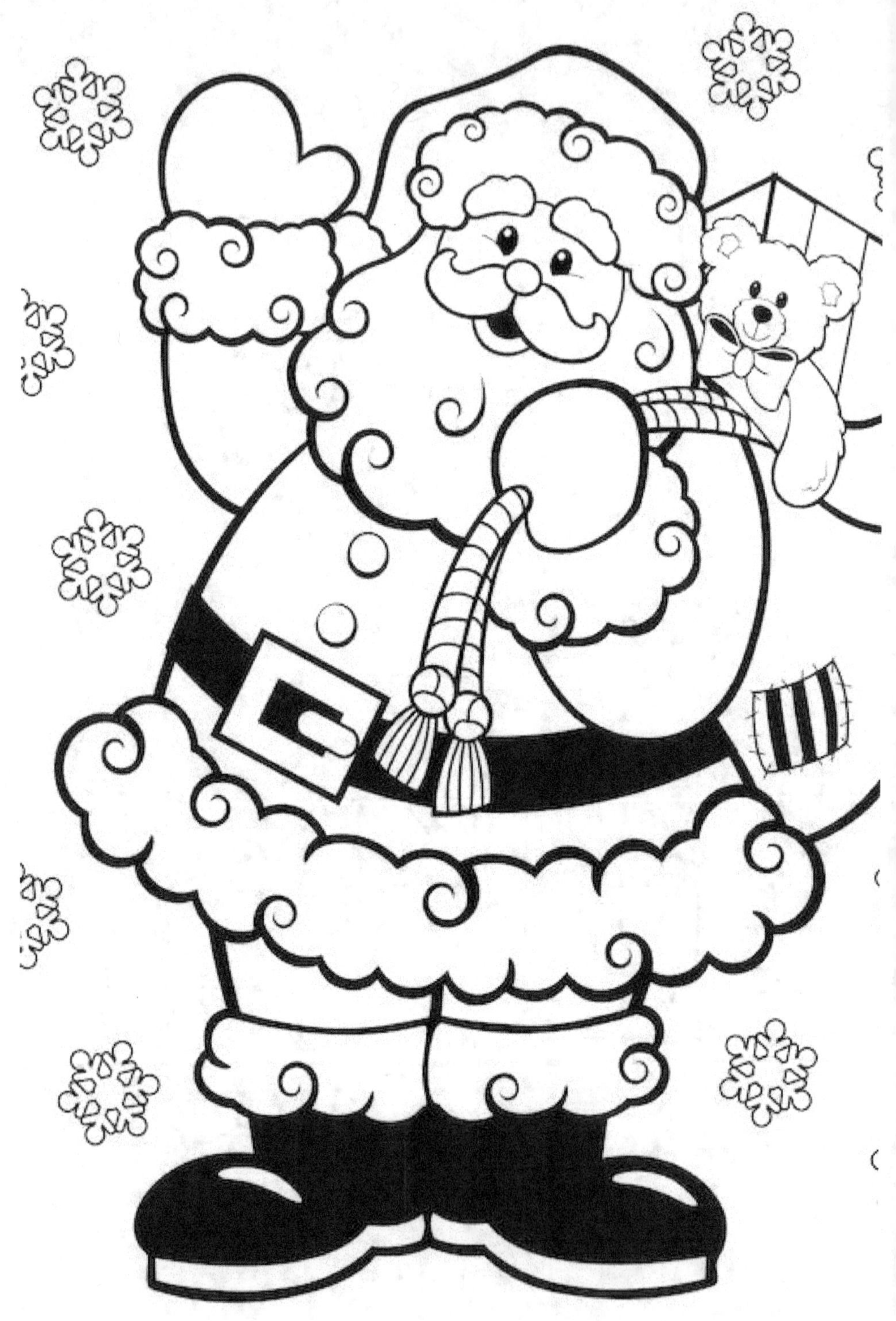

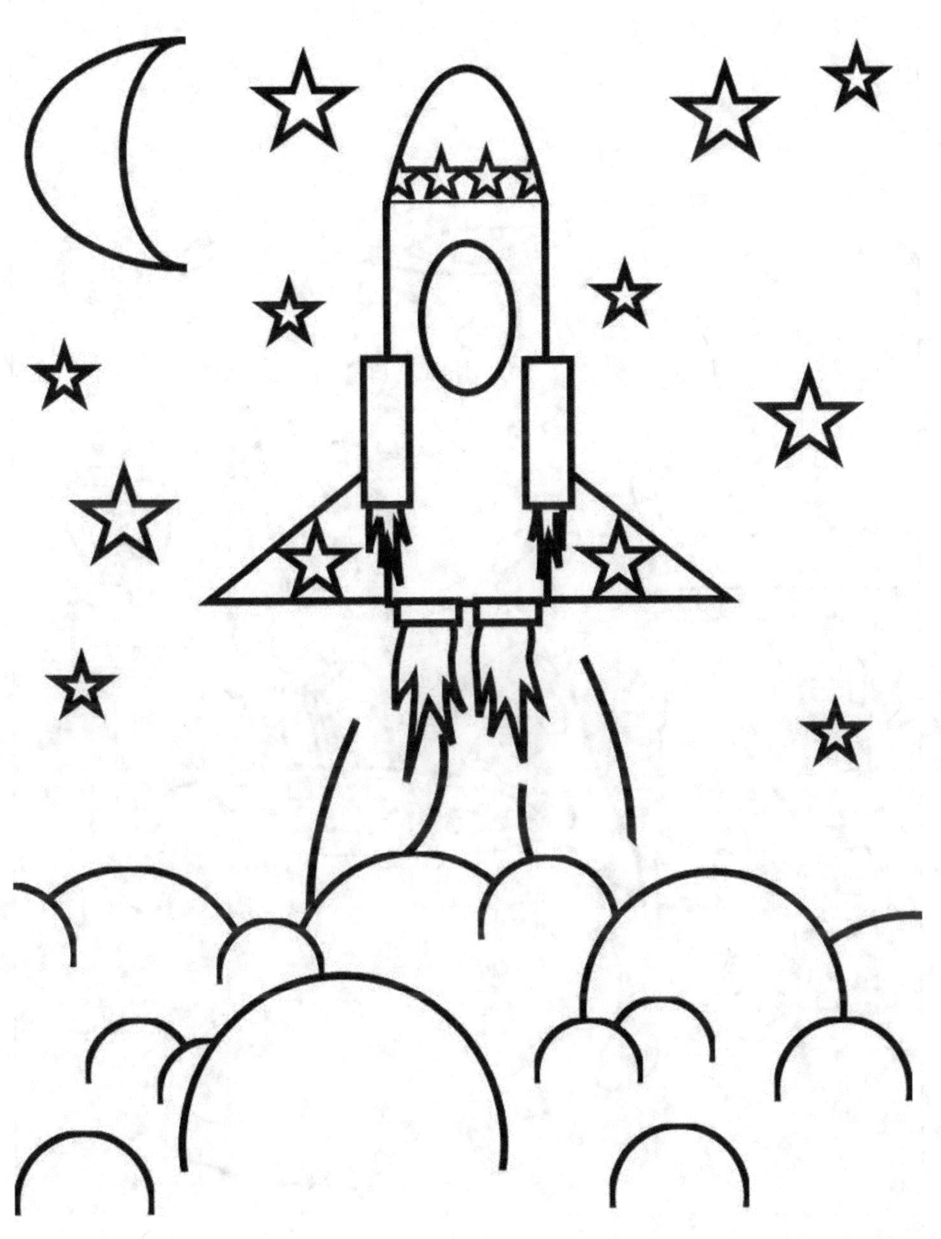

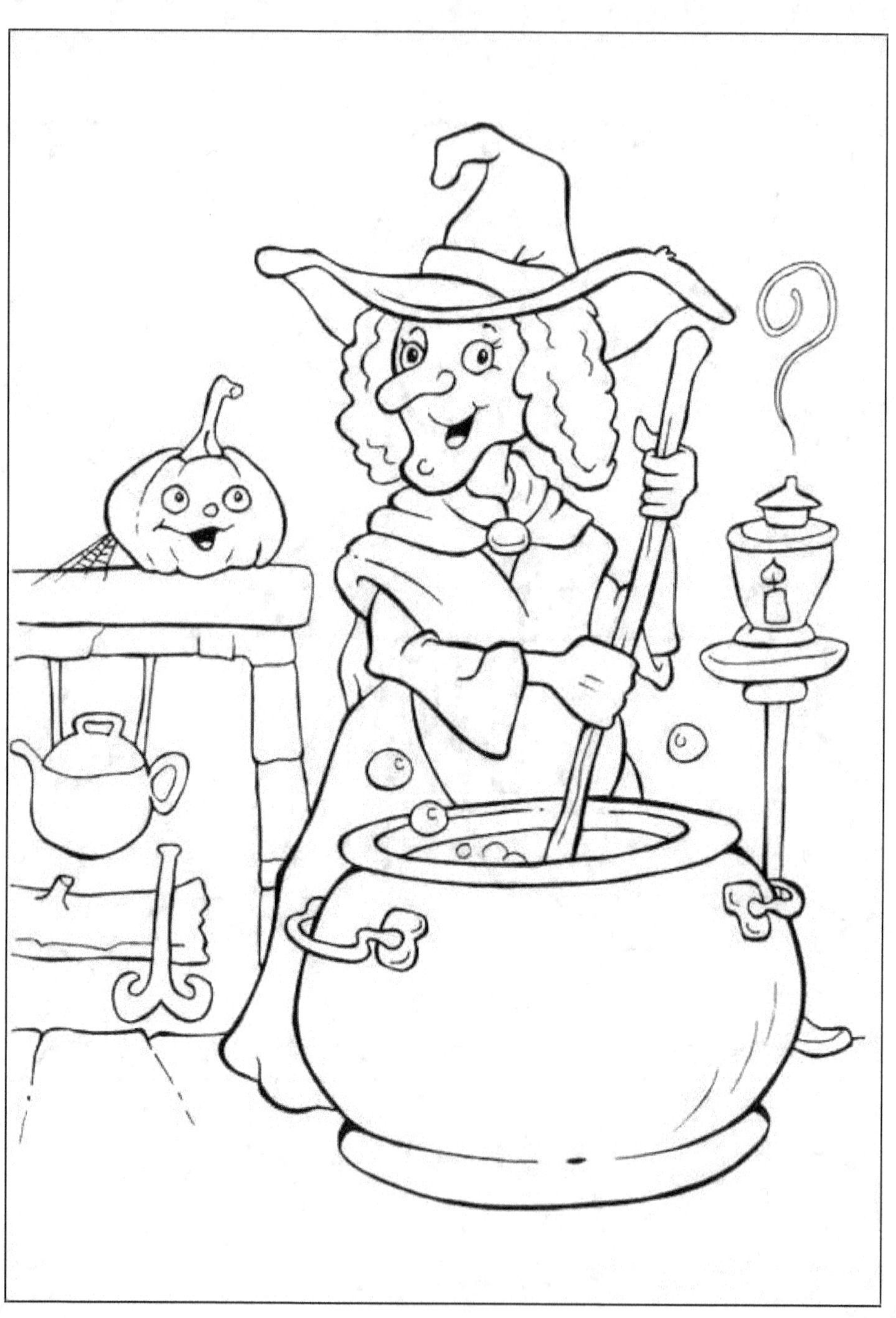

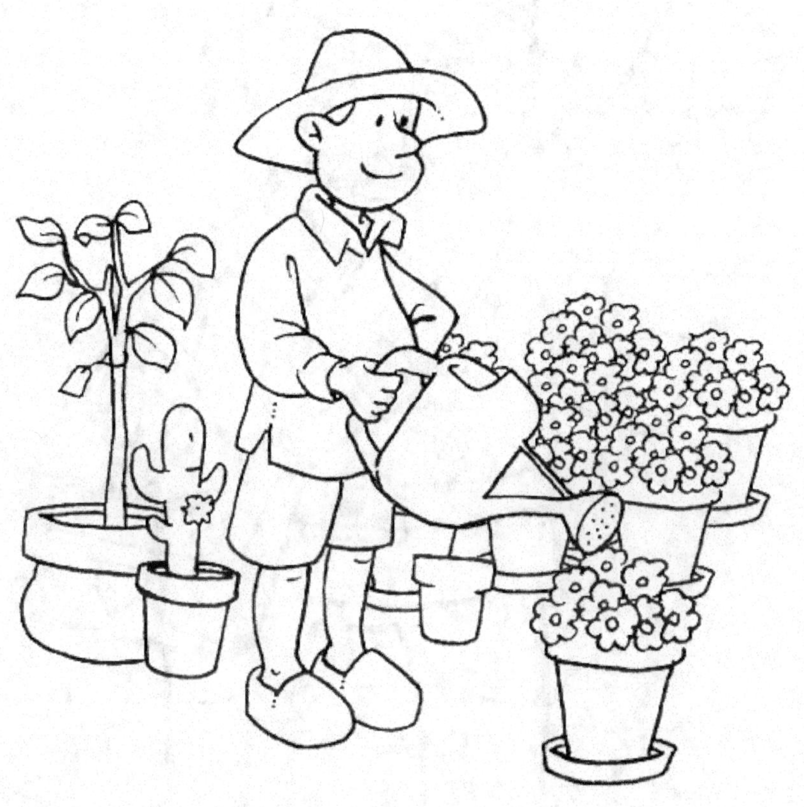

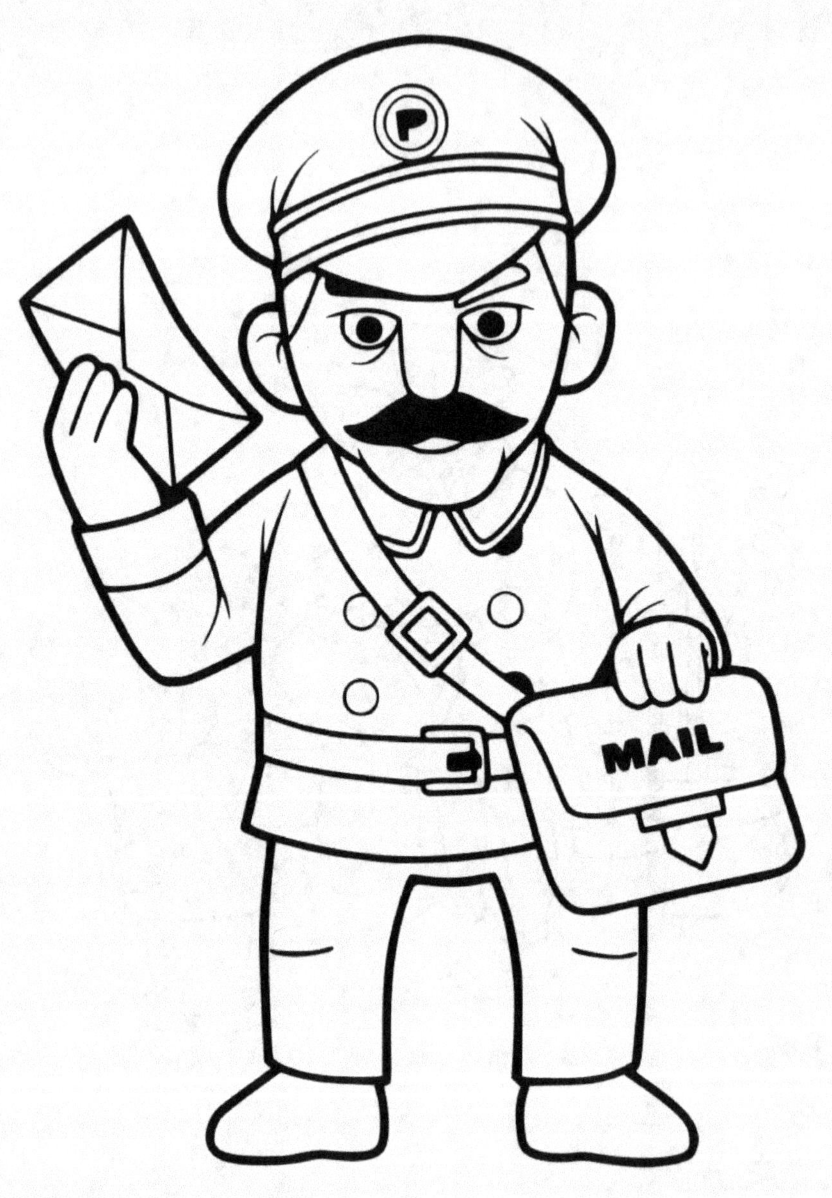
MAIL

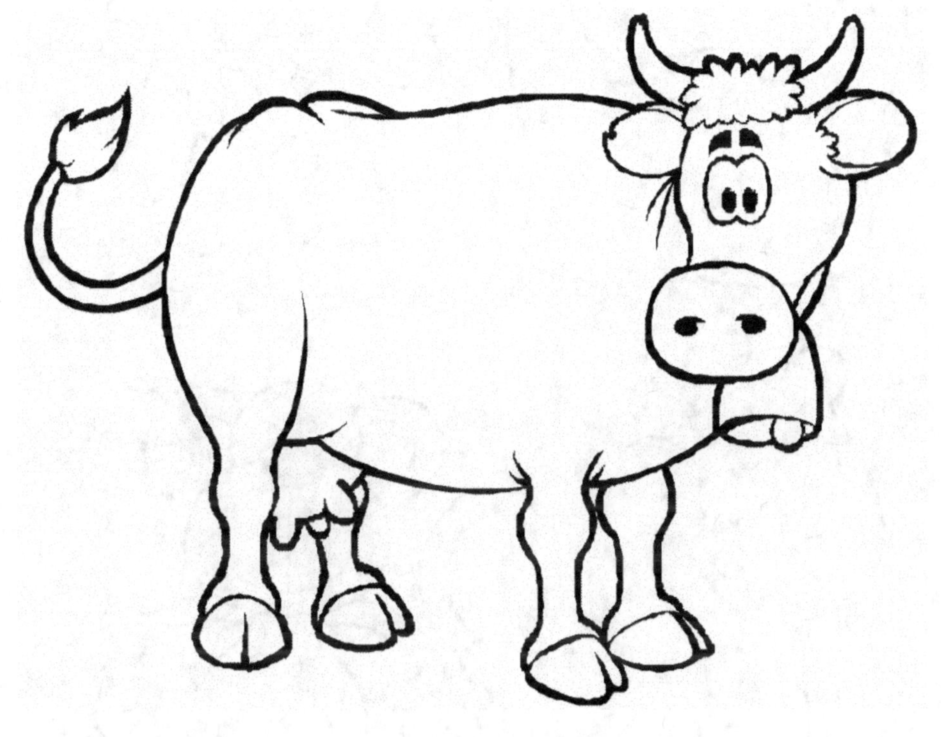

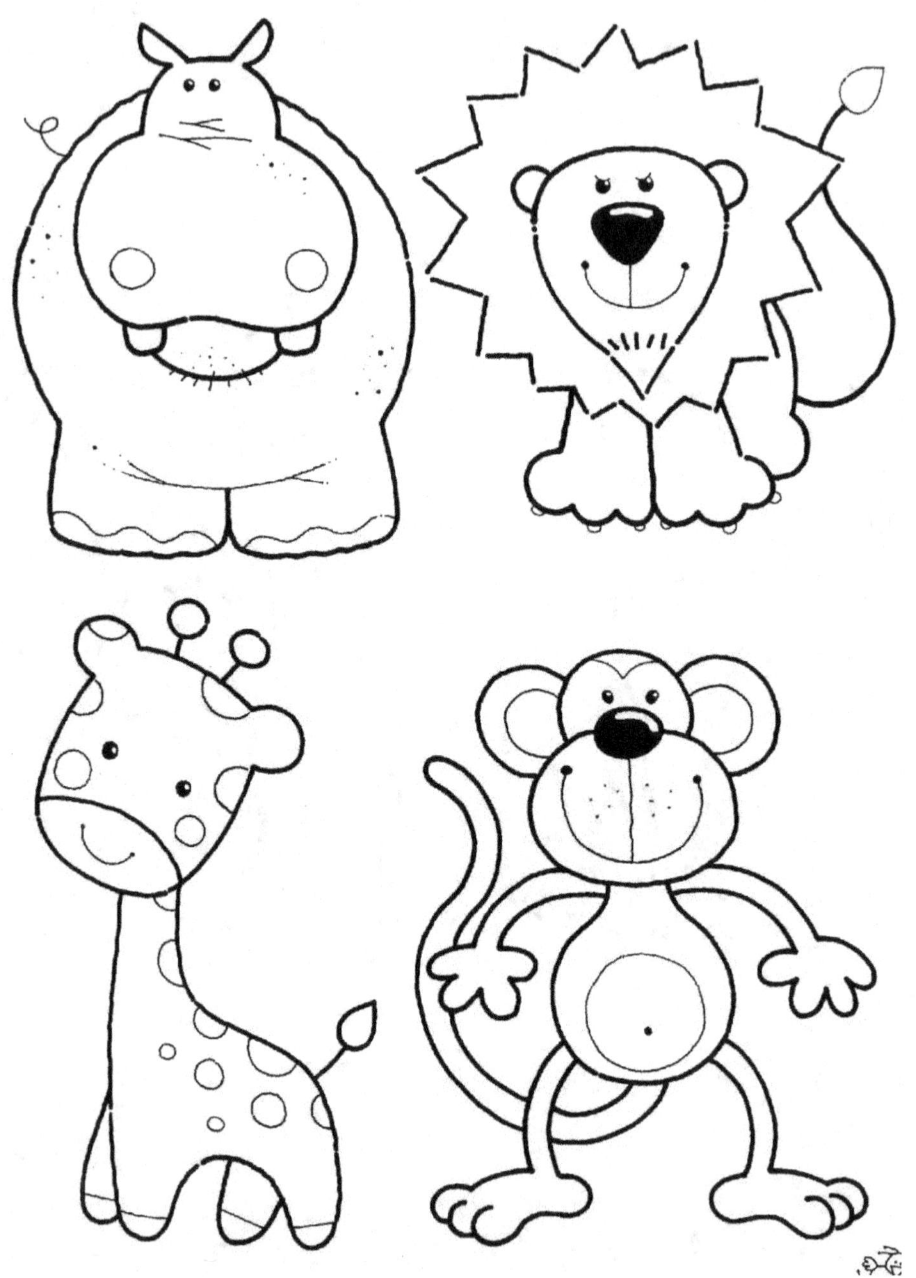

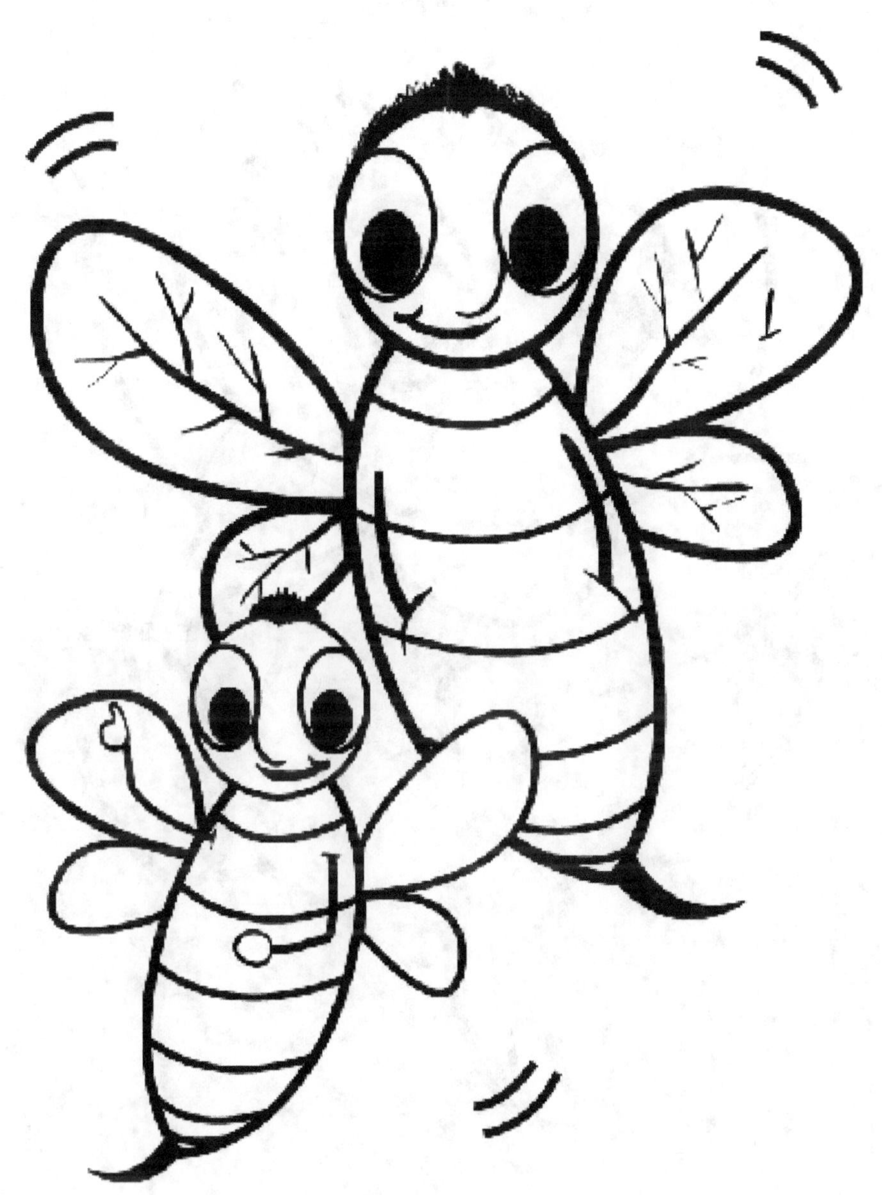

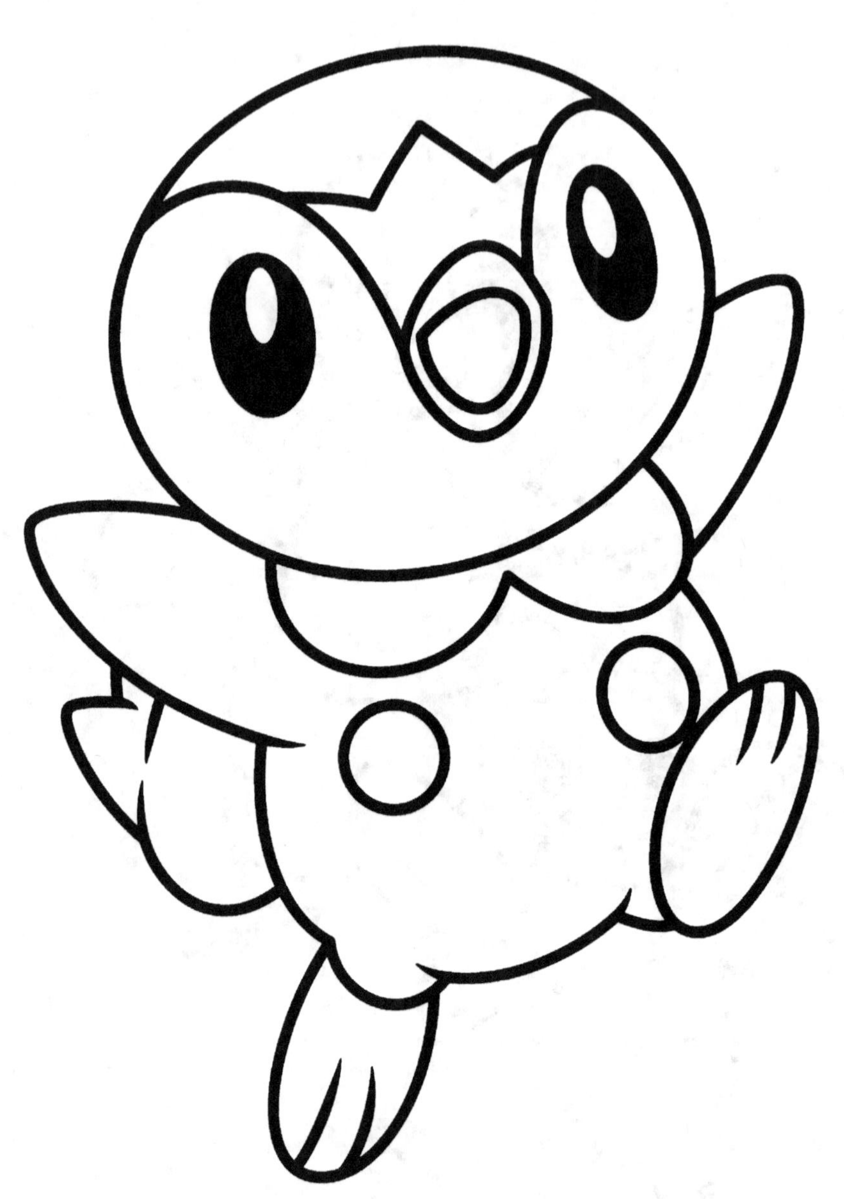

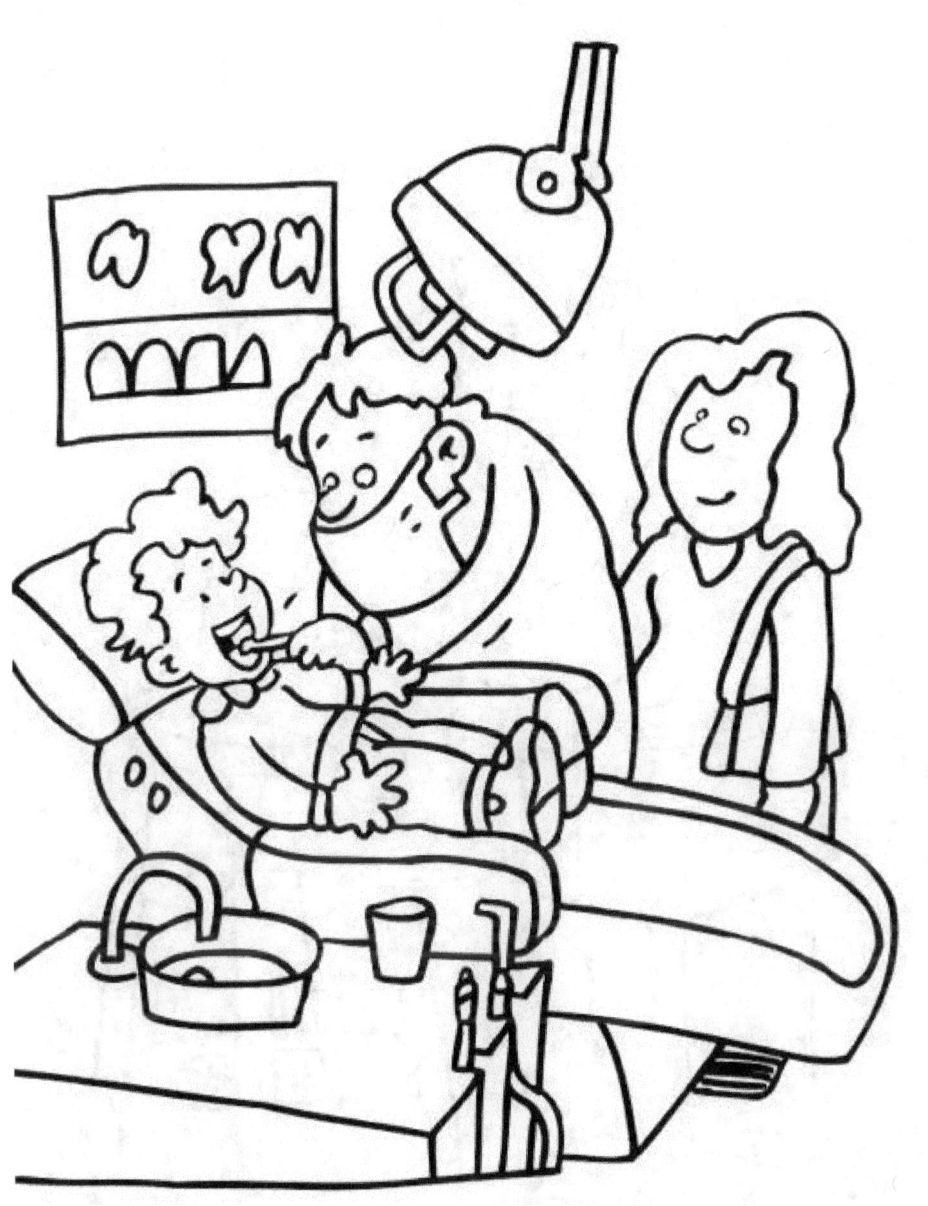

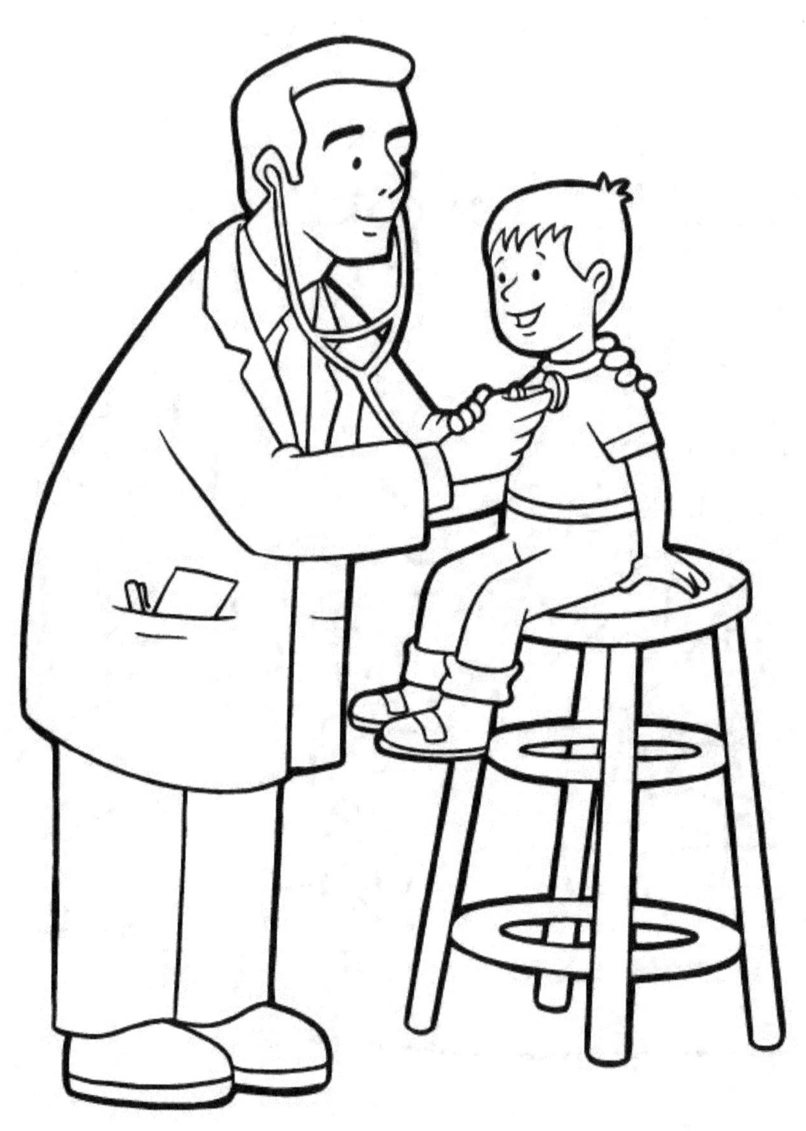

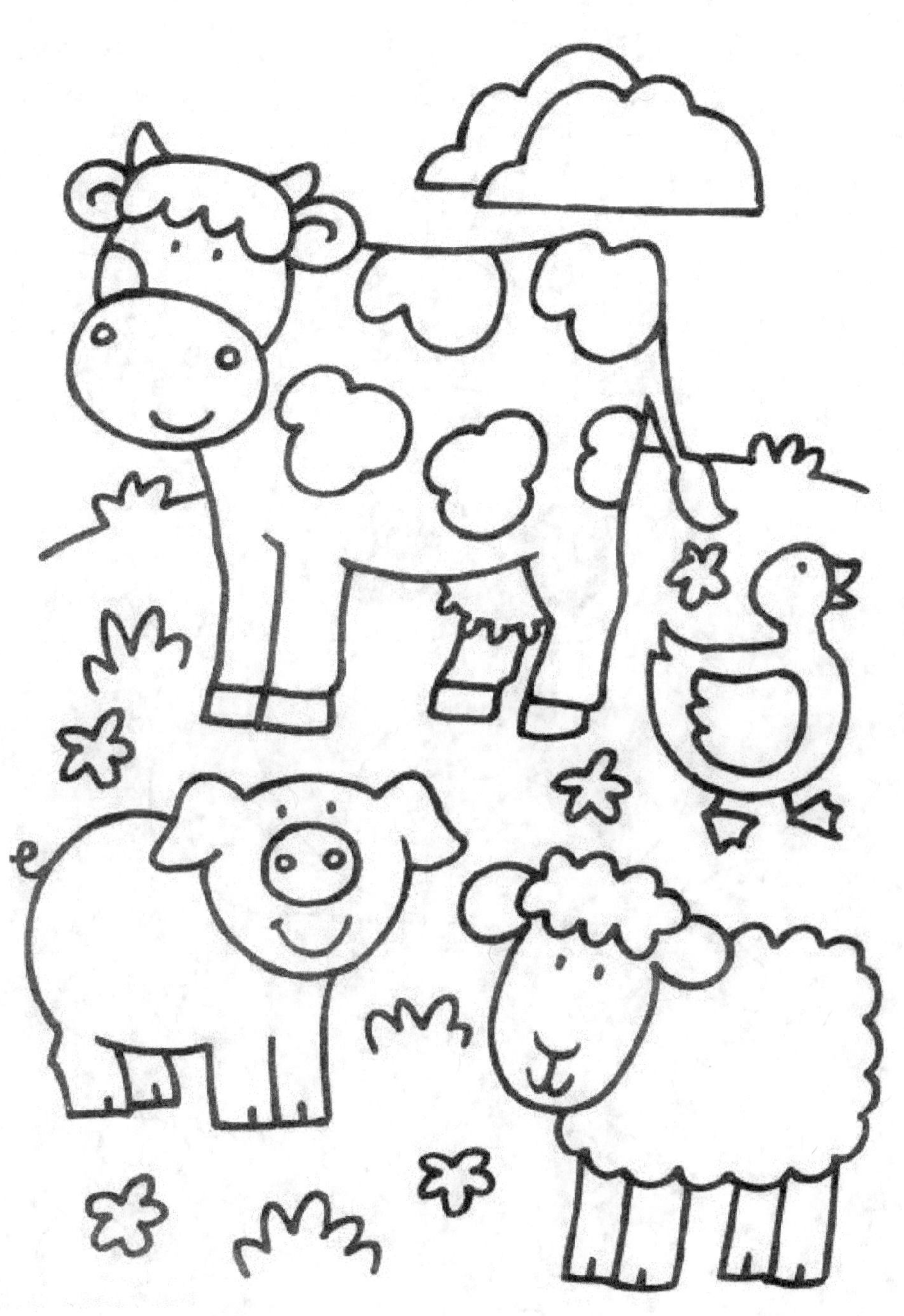

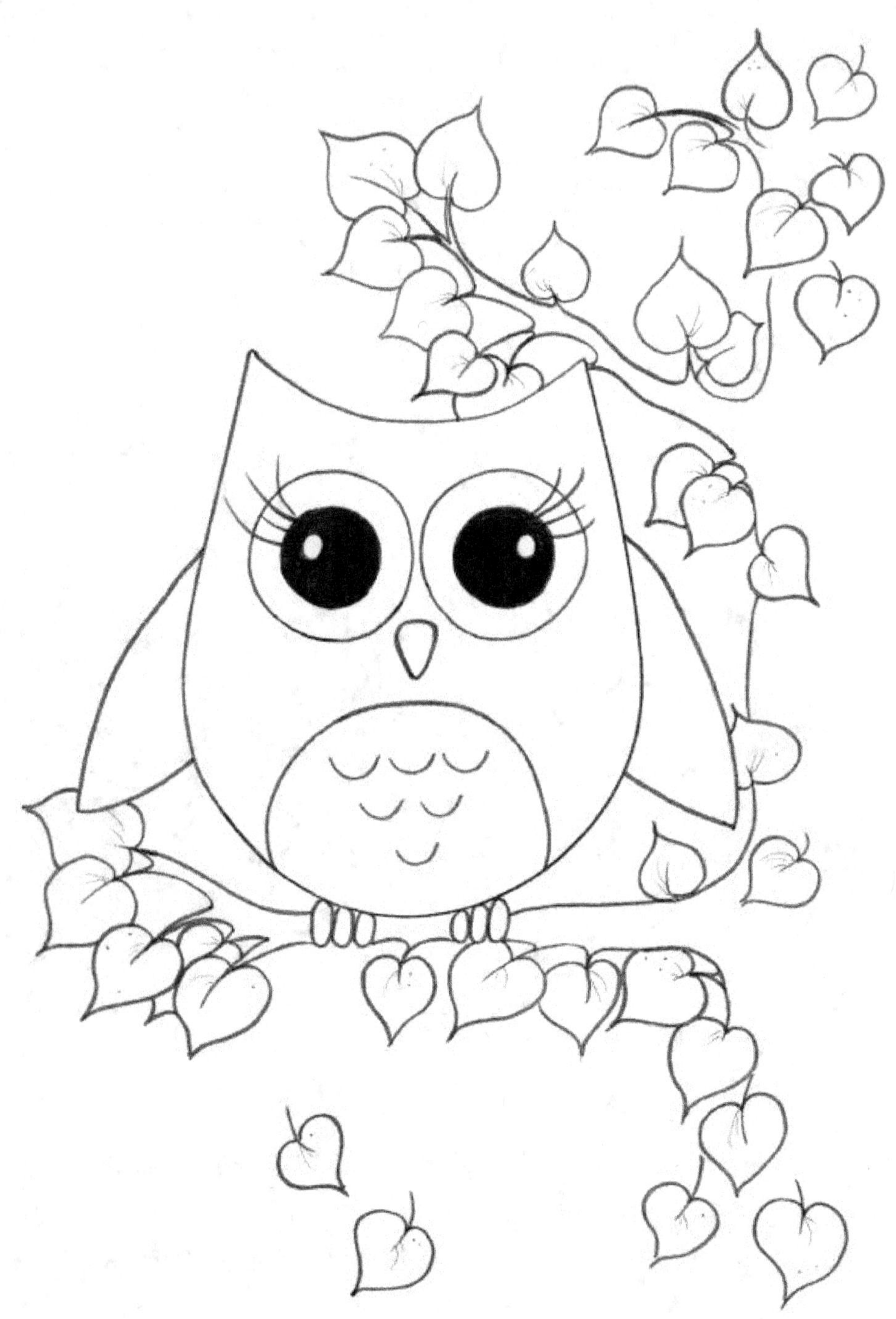

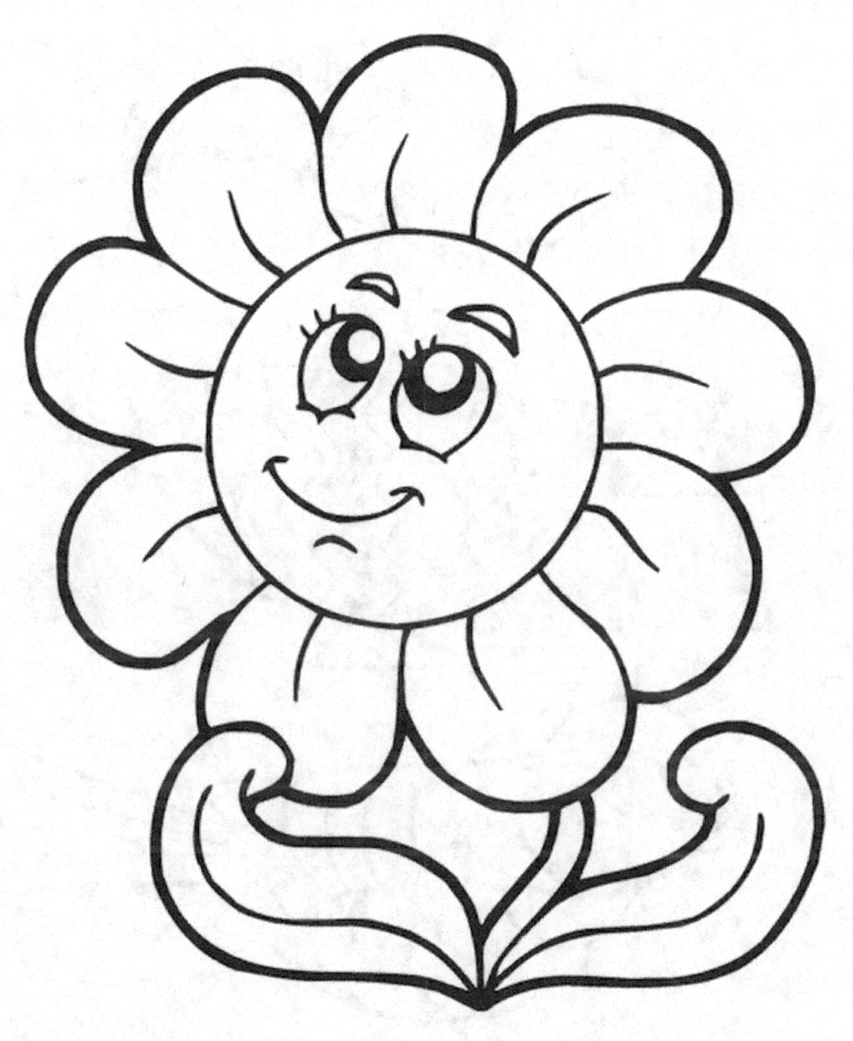

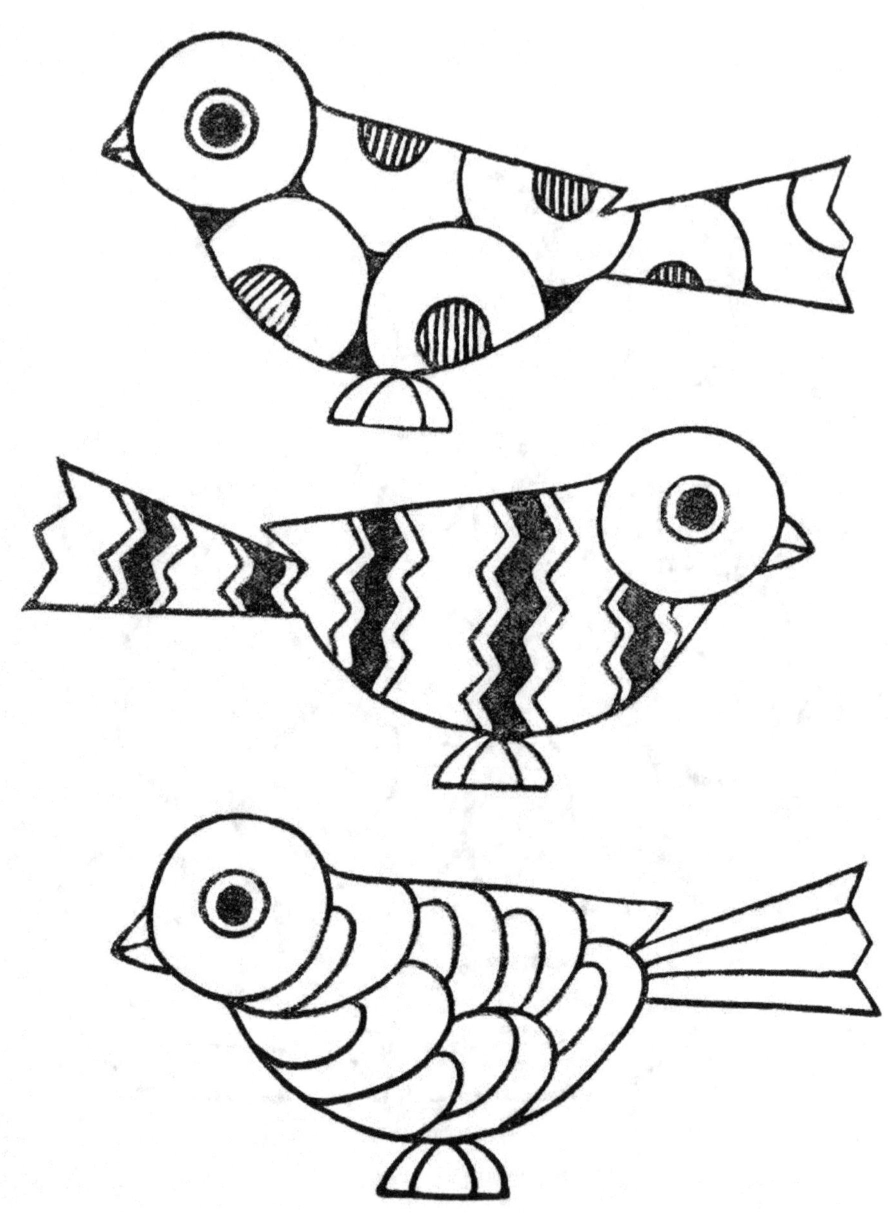

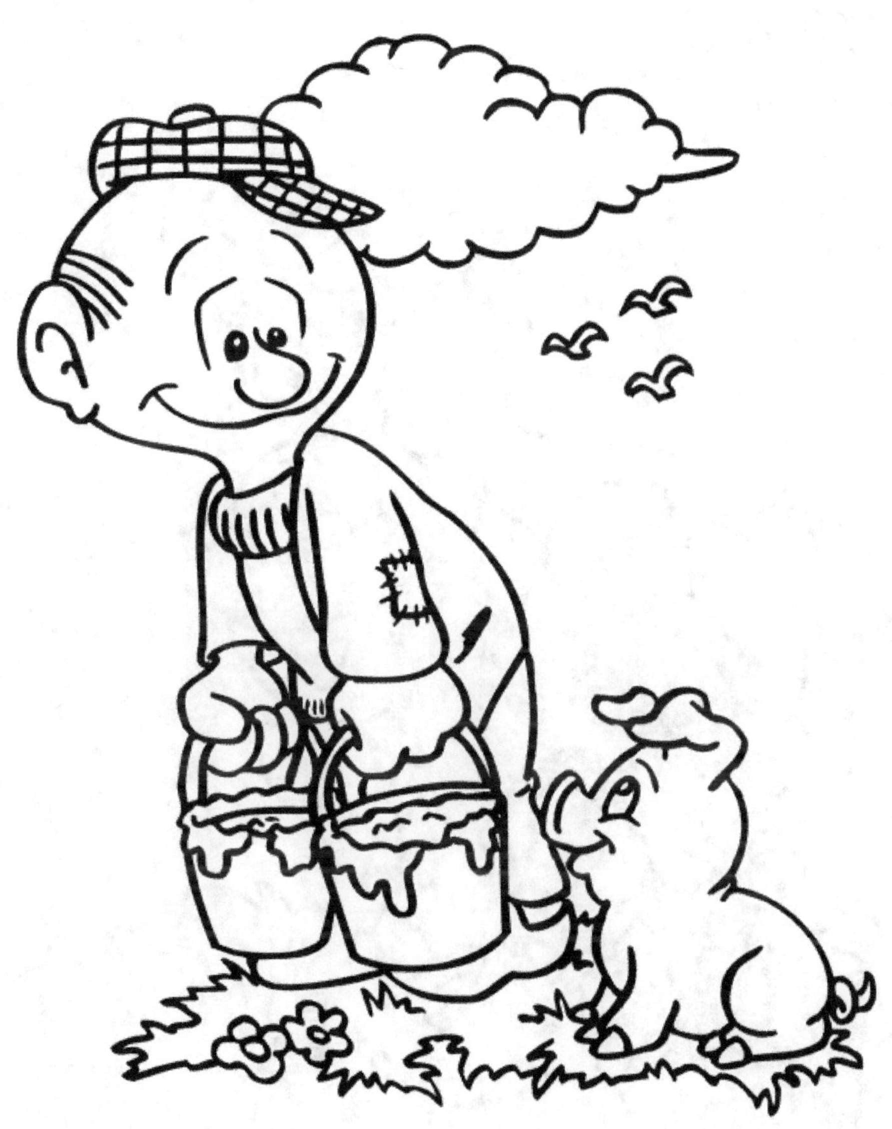

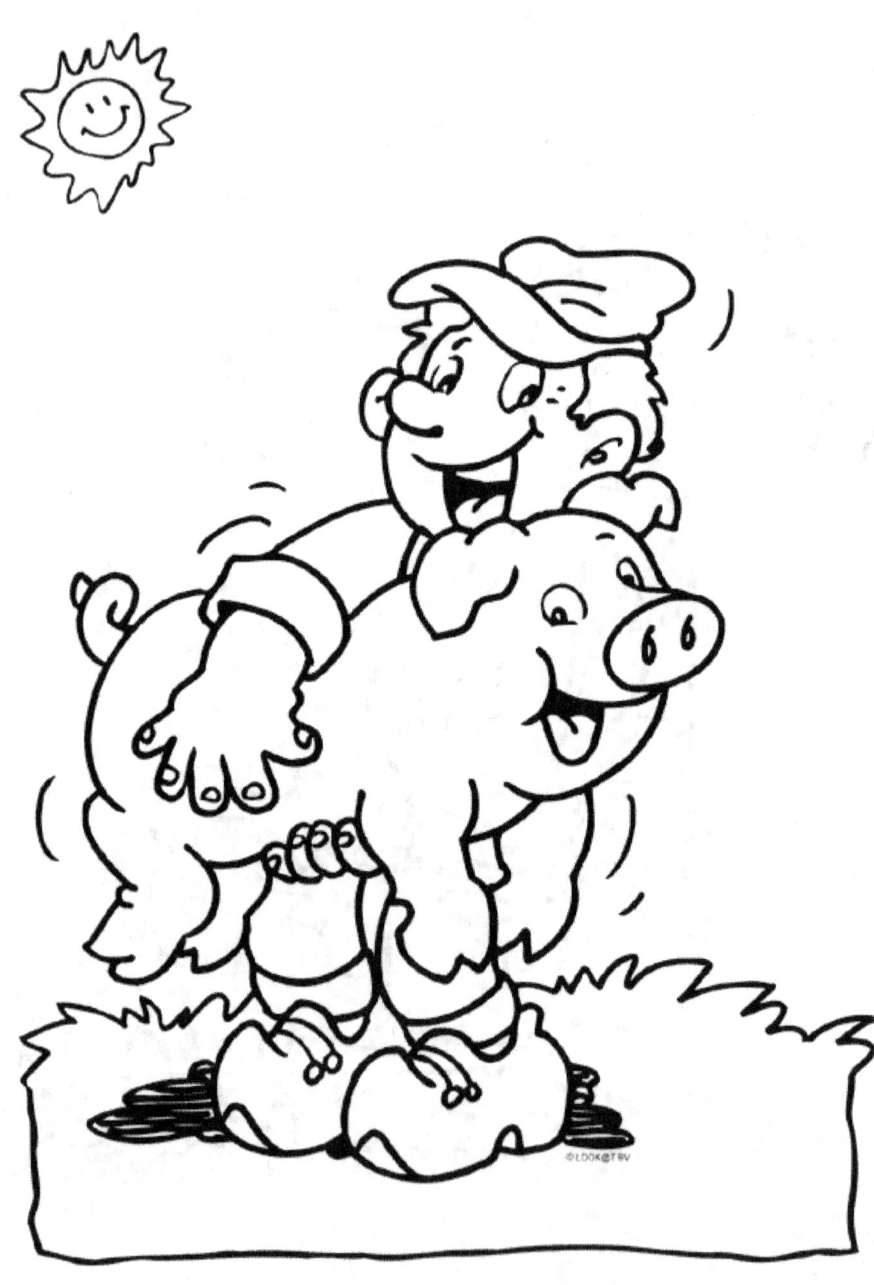

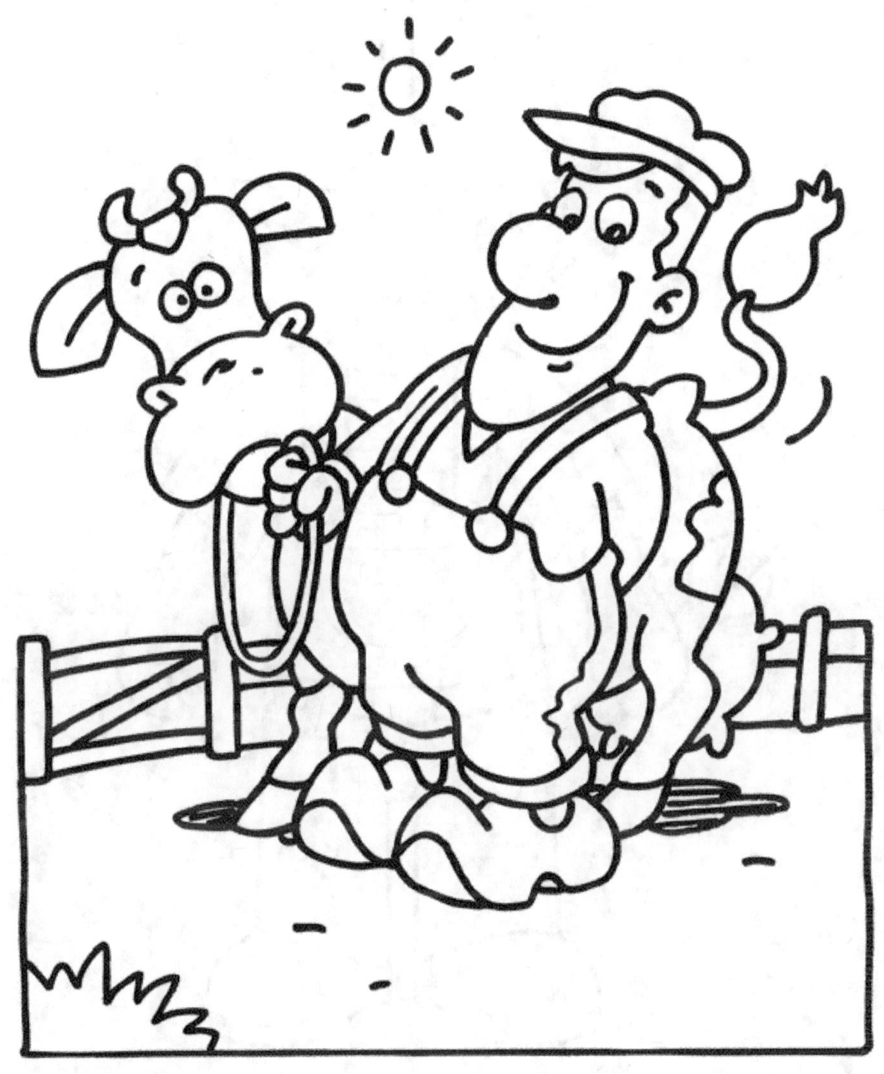

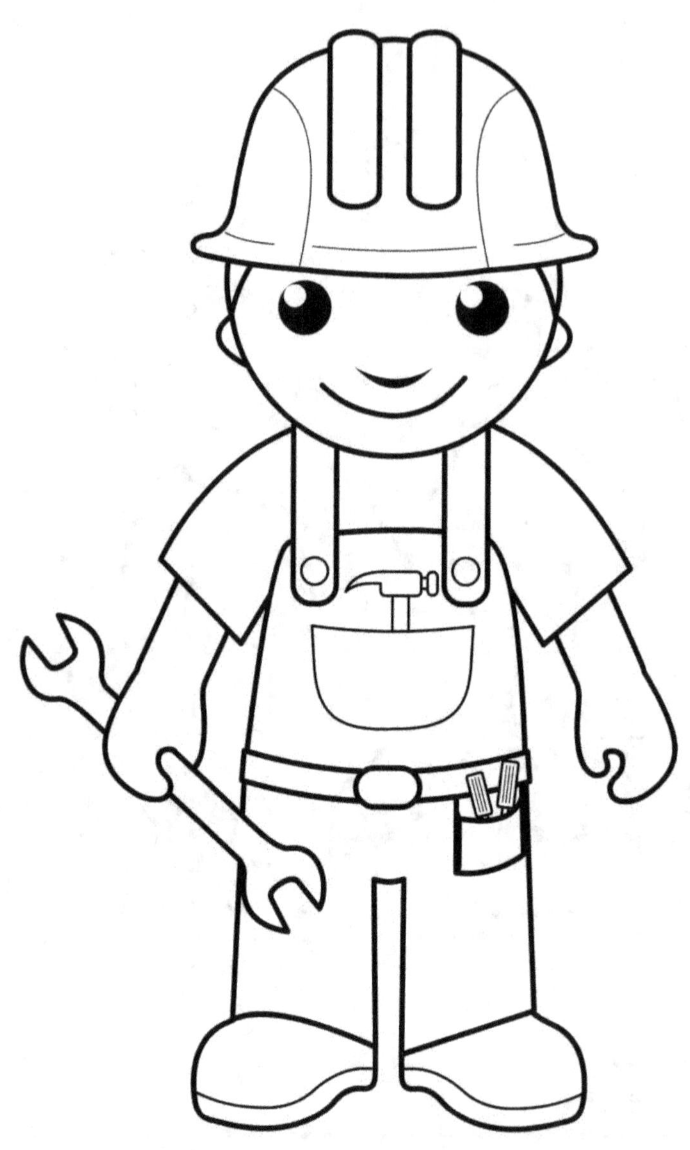

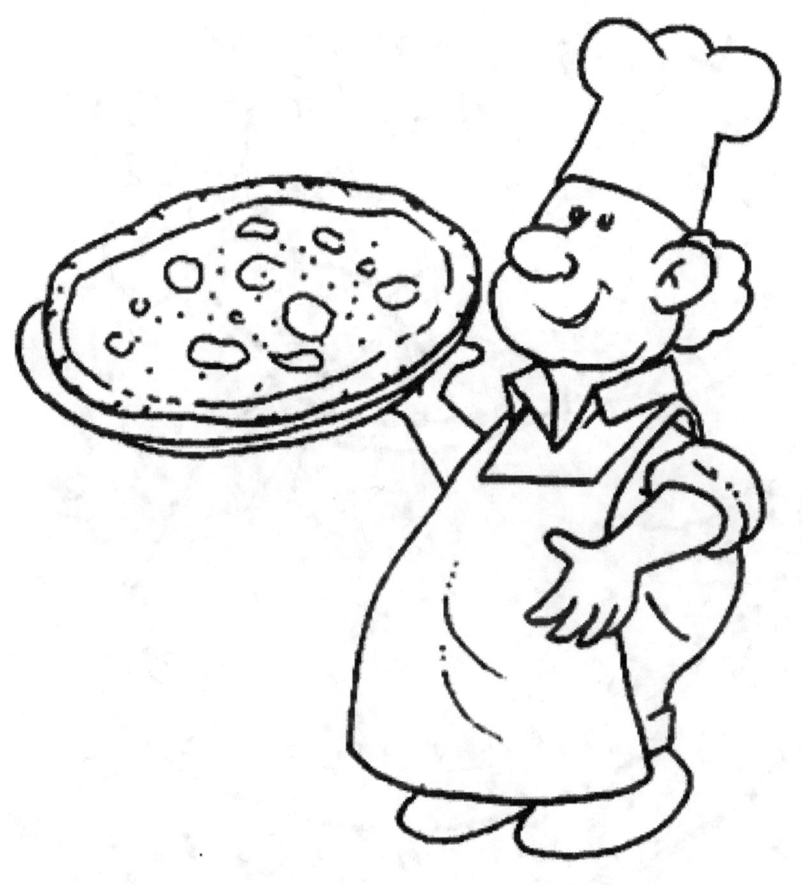

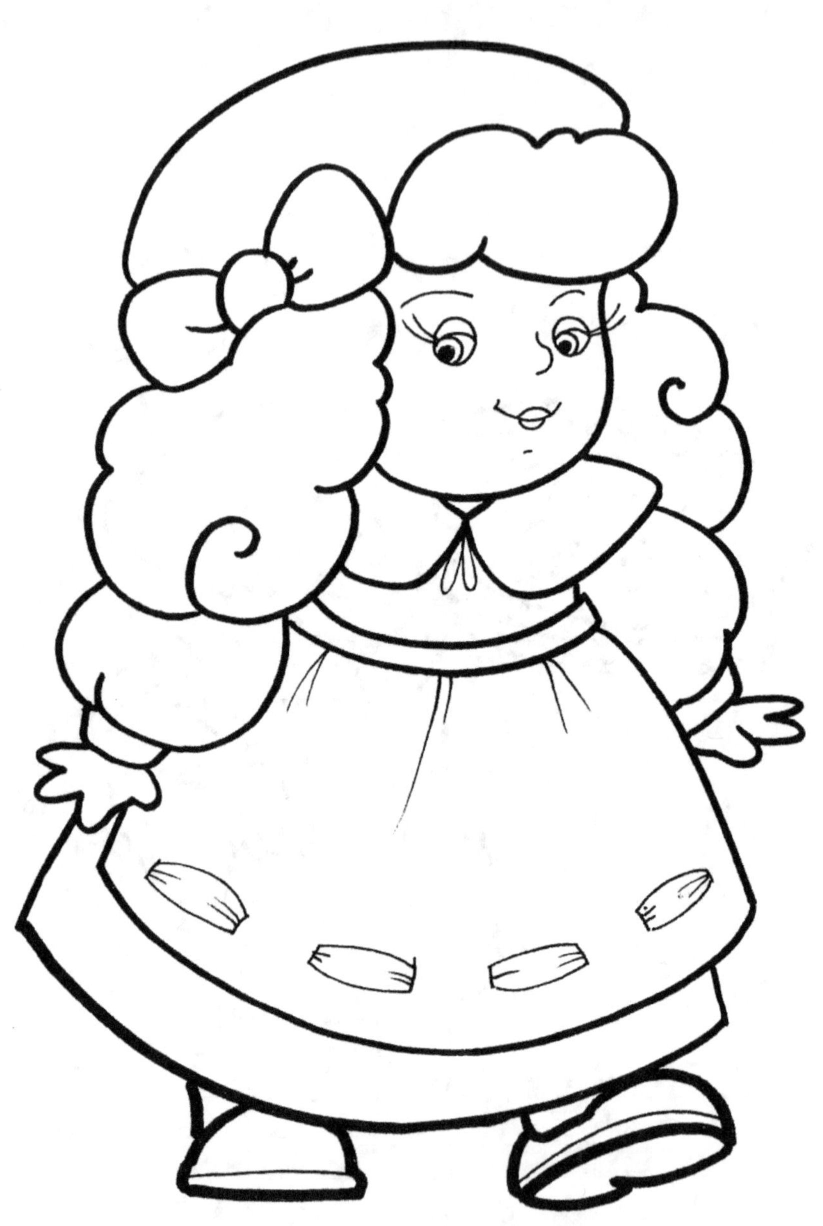

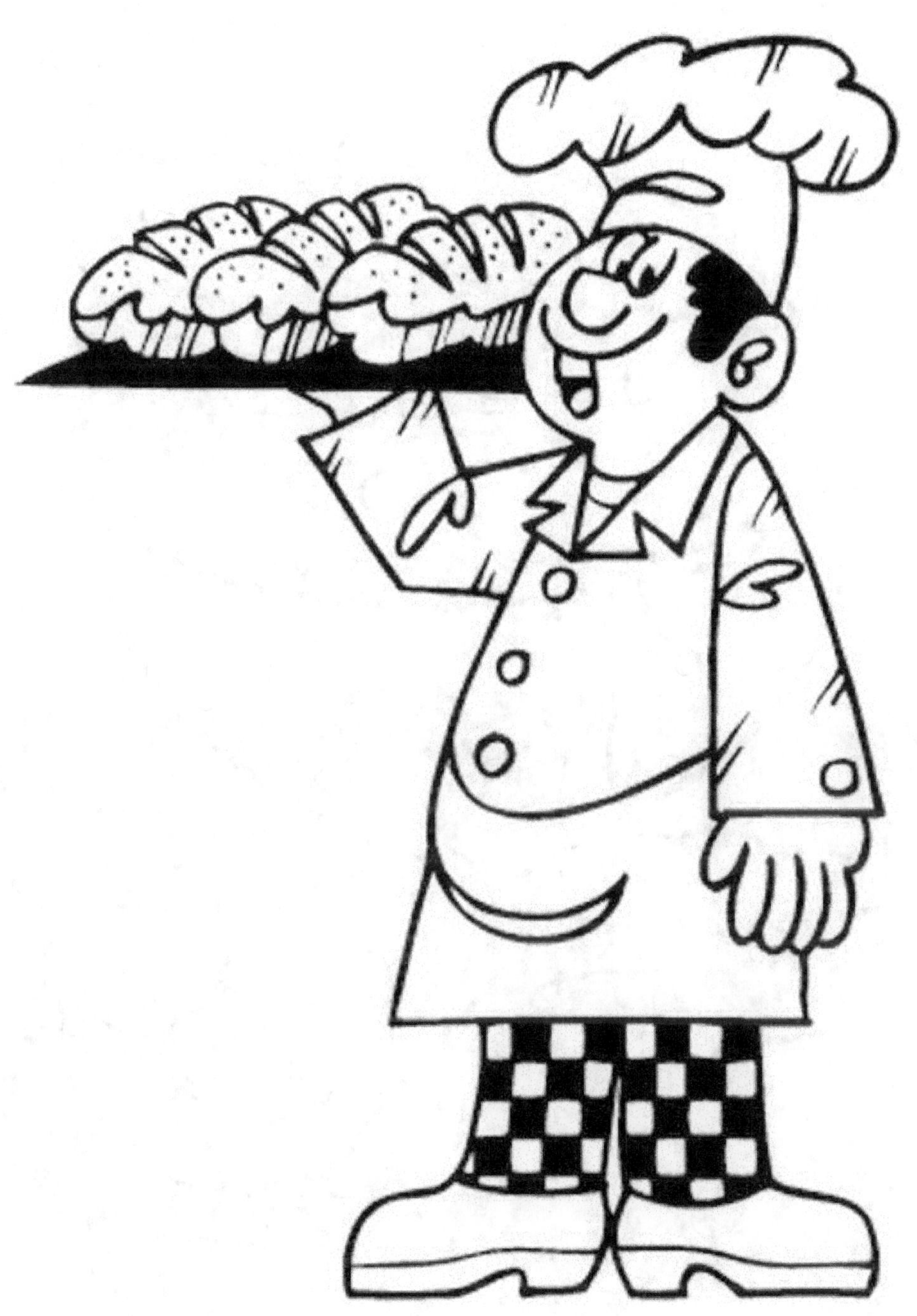

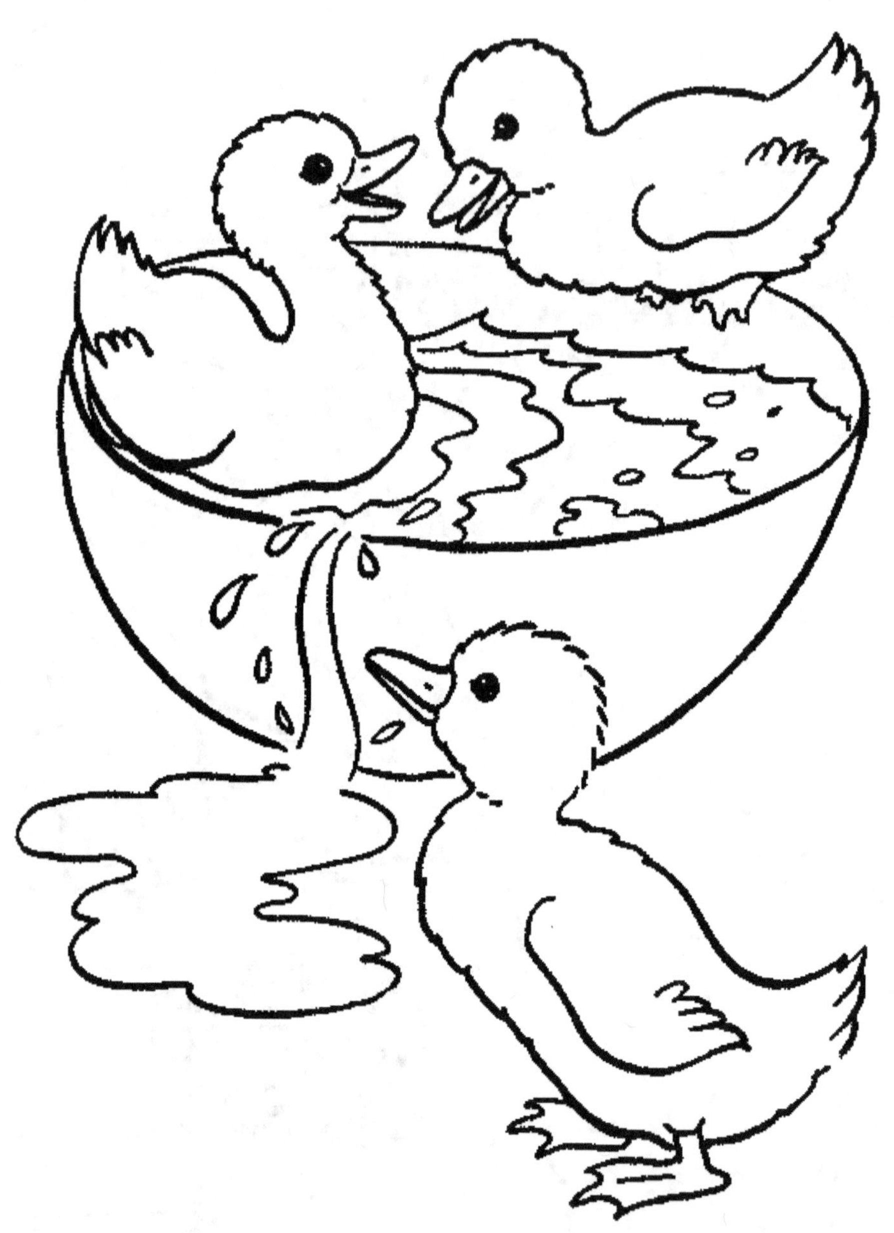

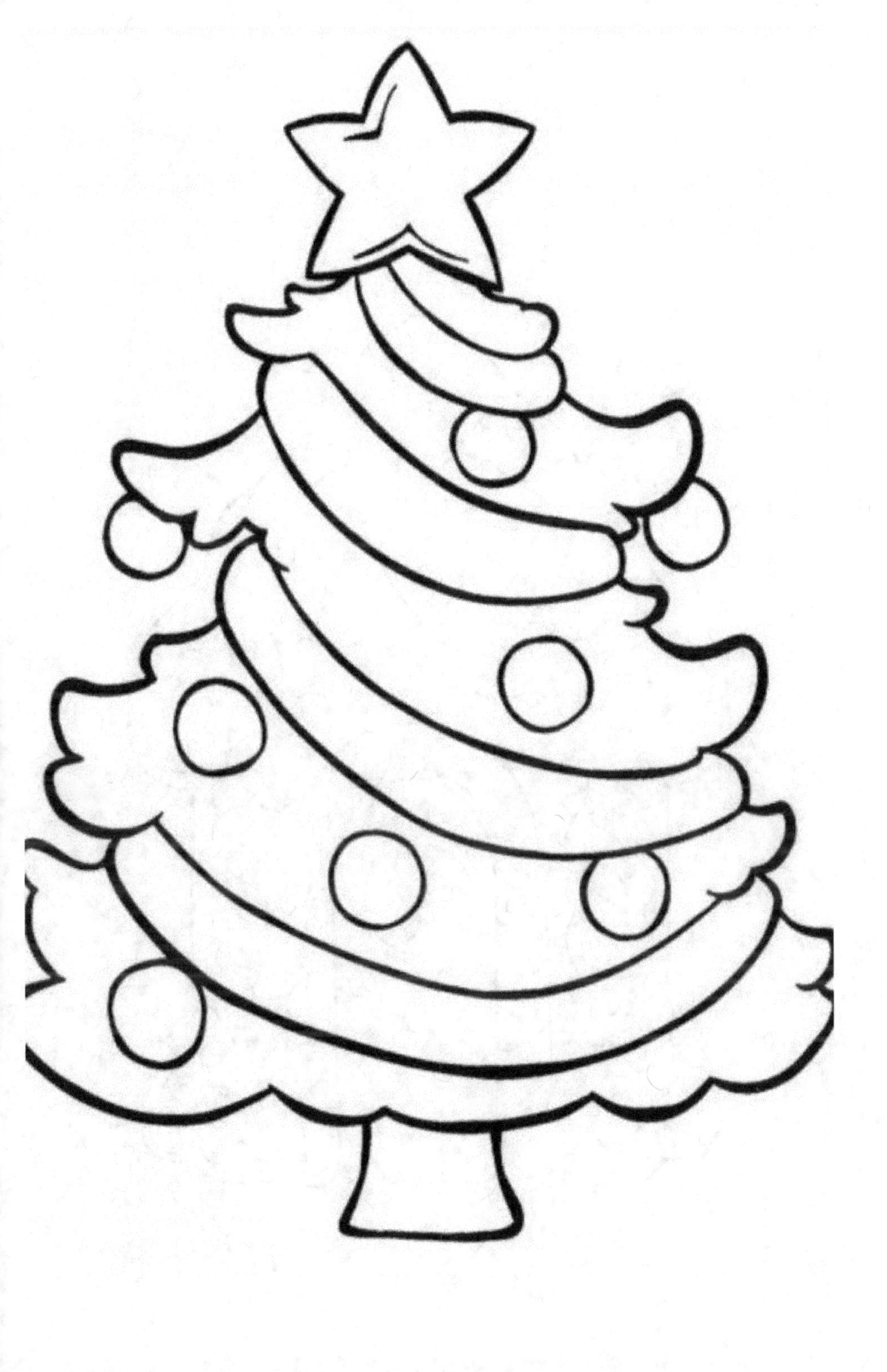

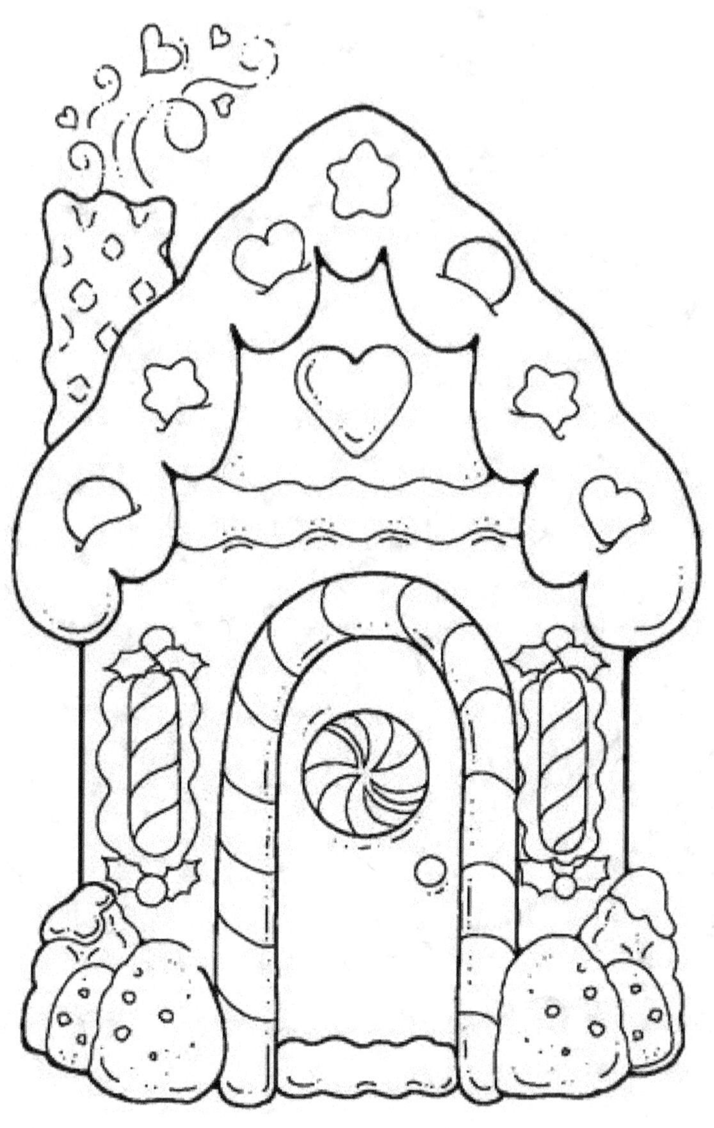

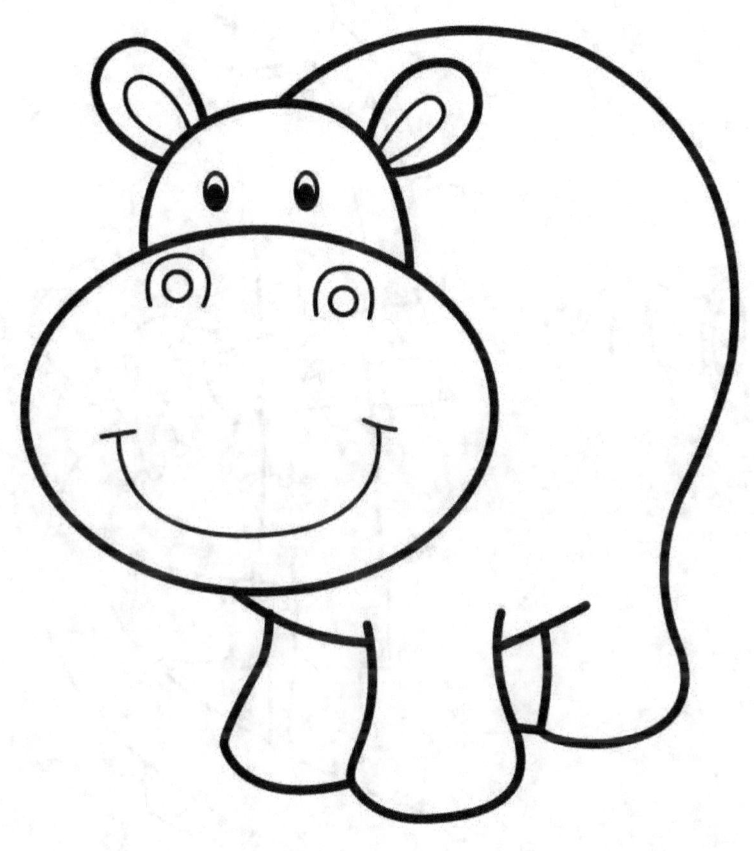

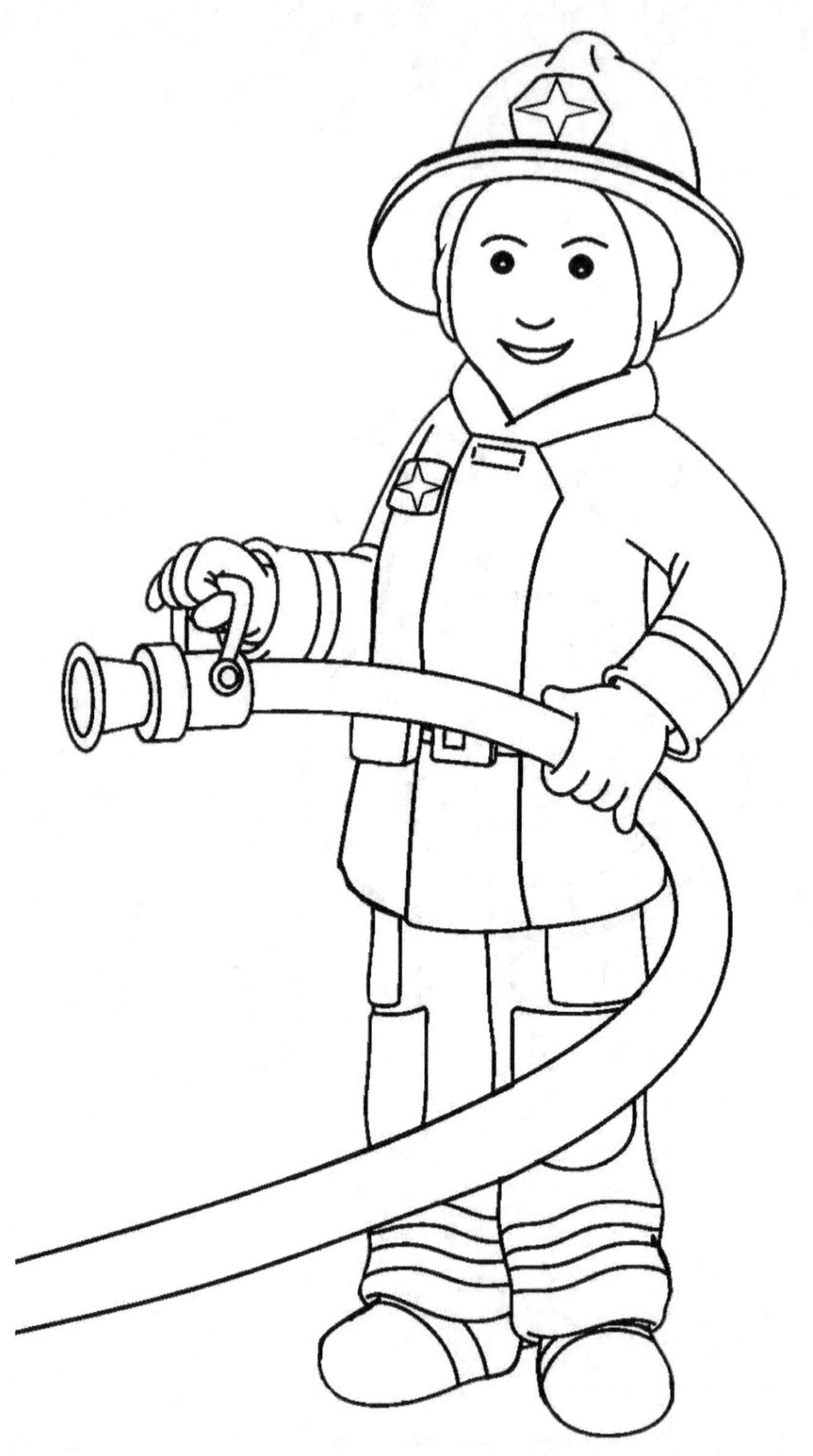

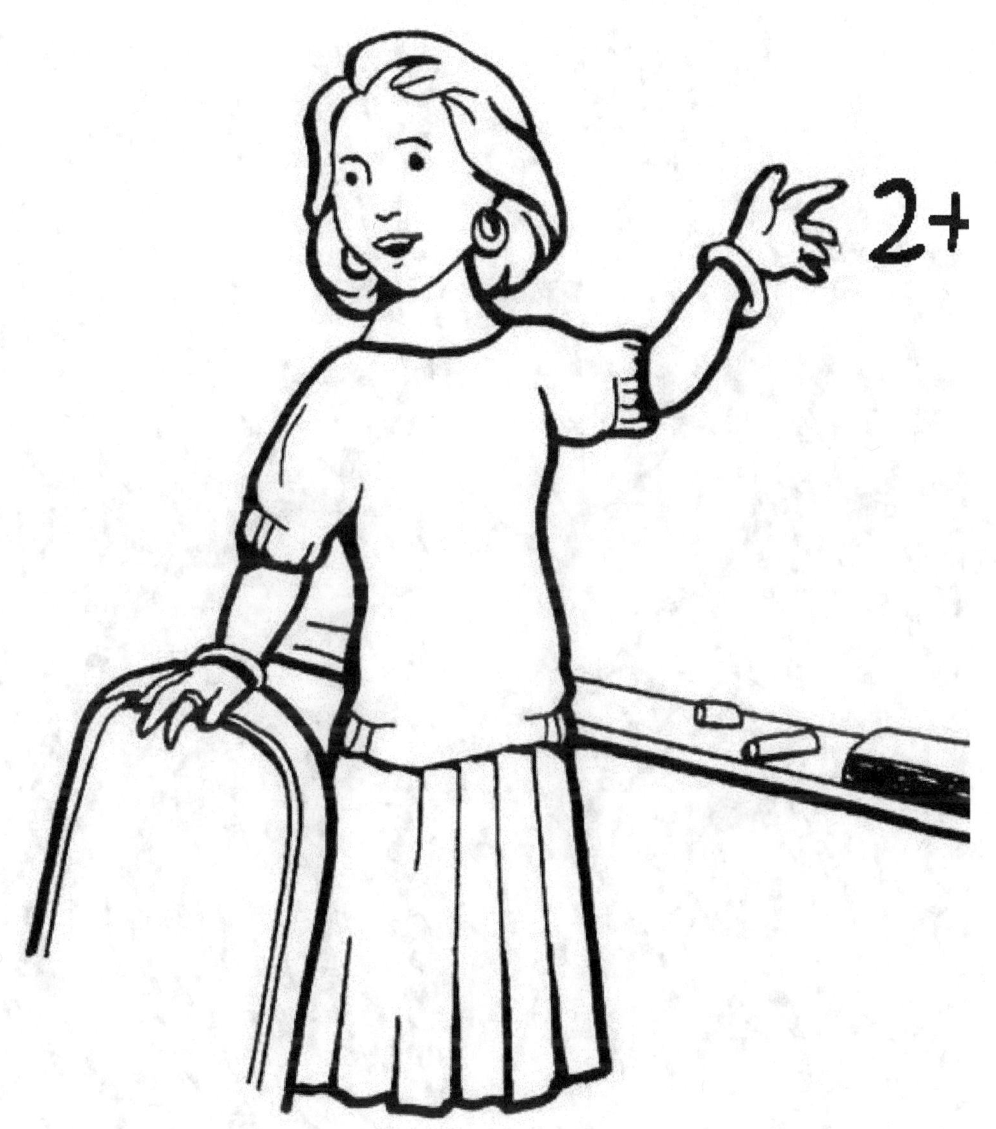
2+

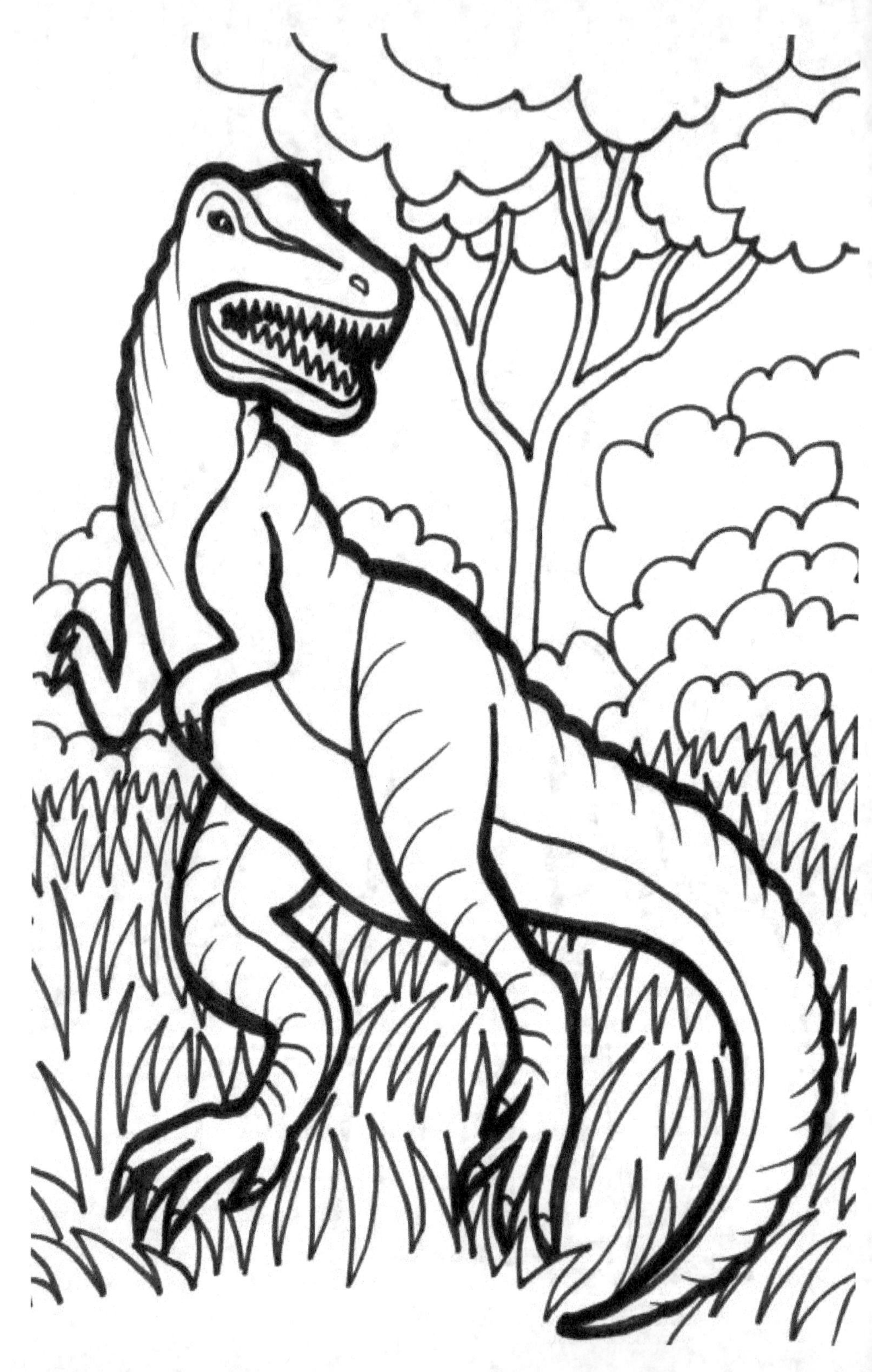

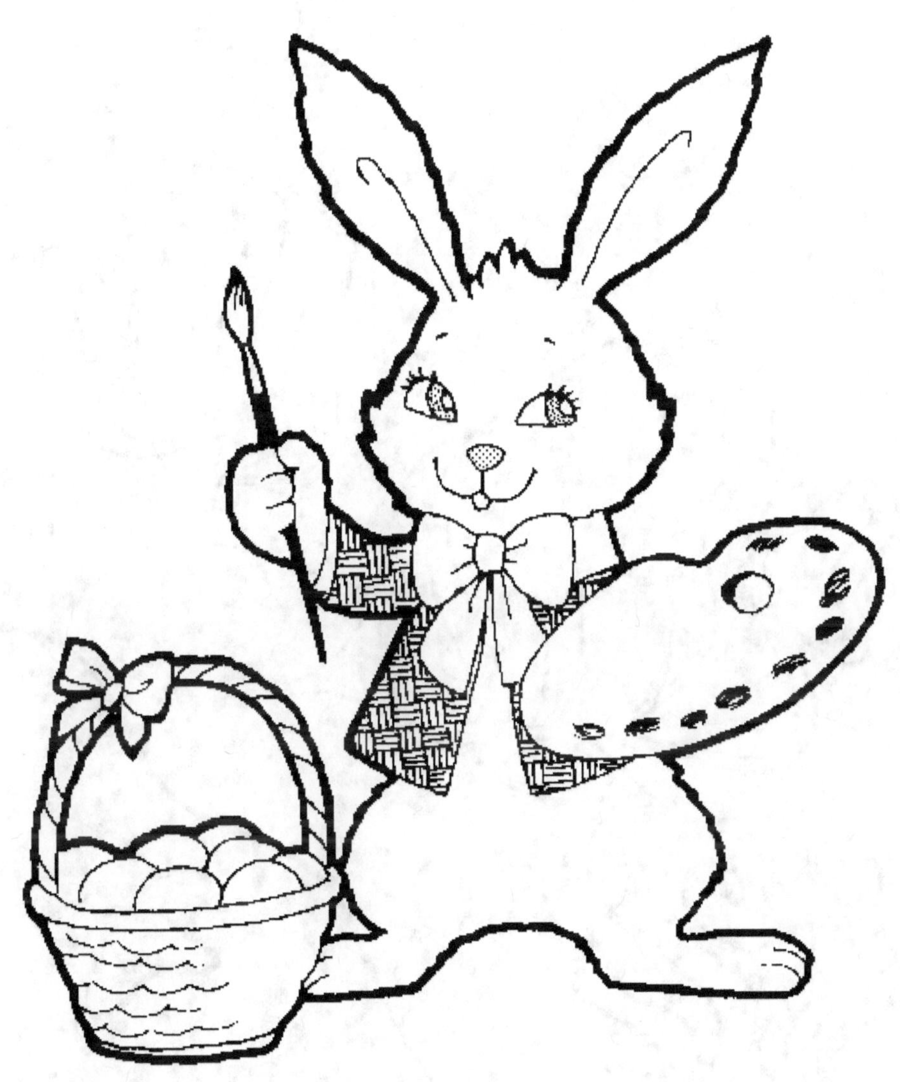

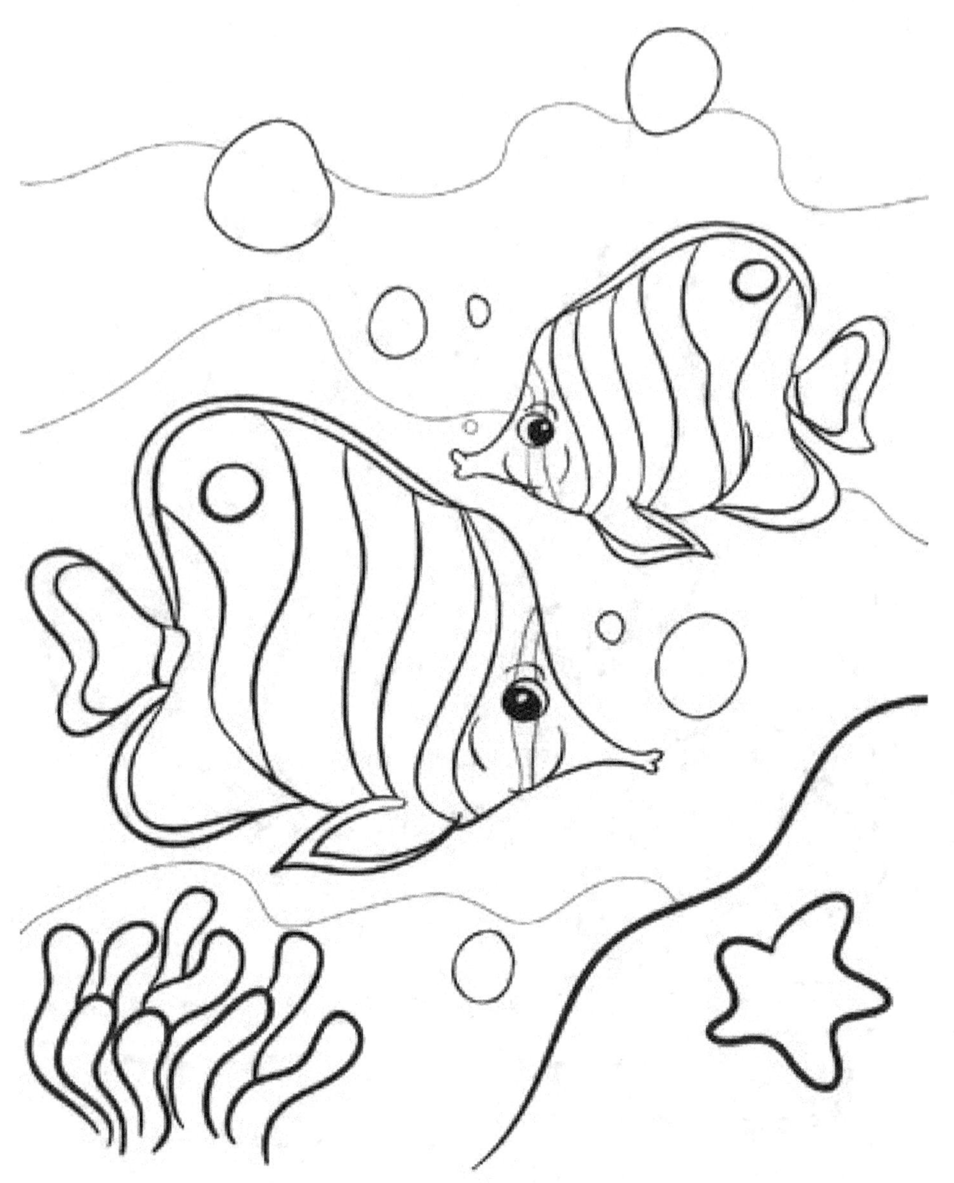

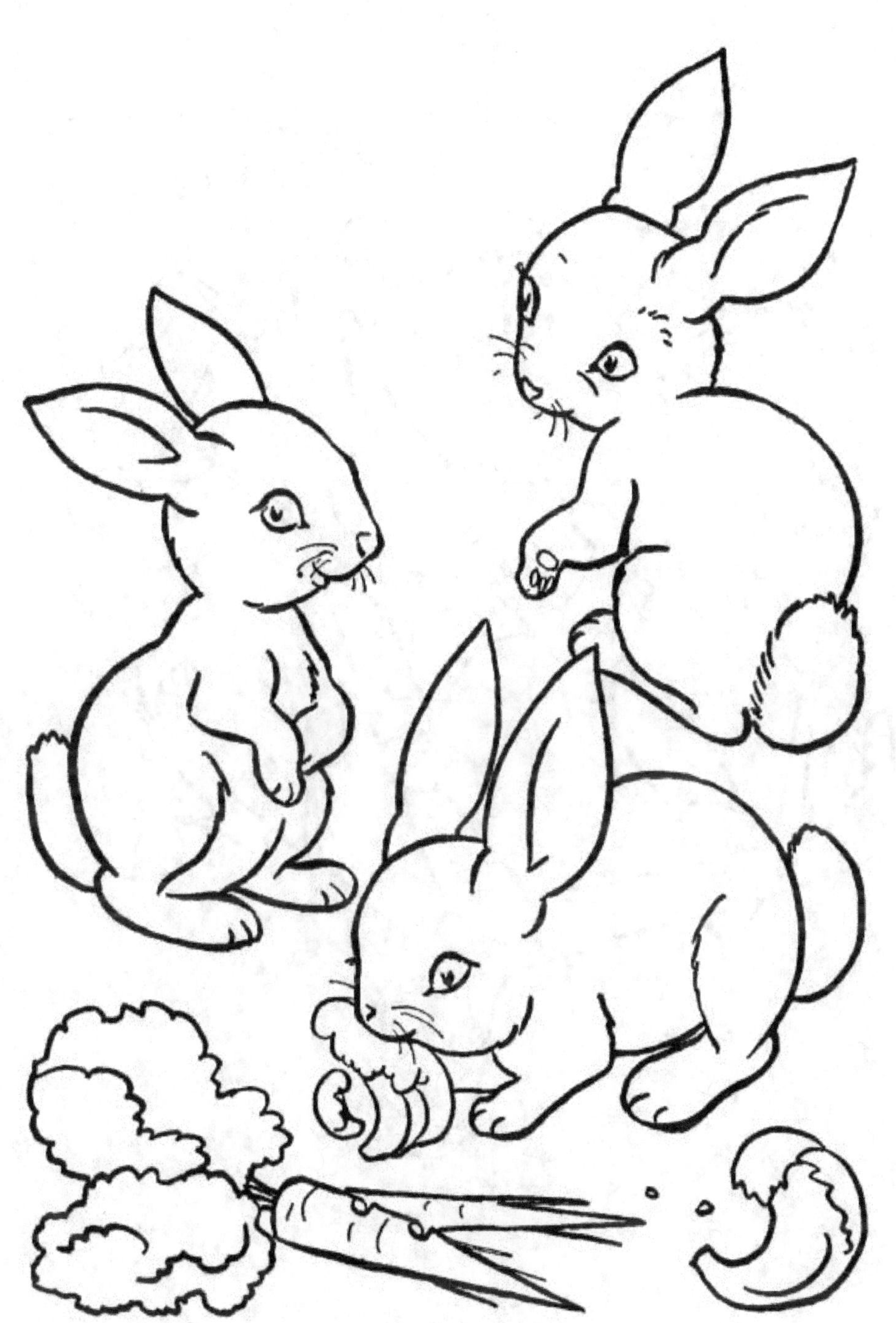

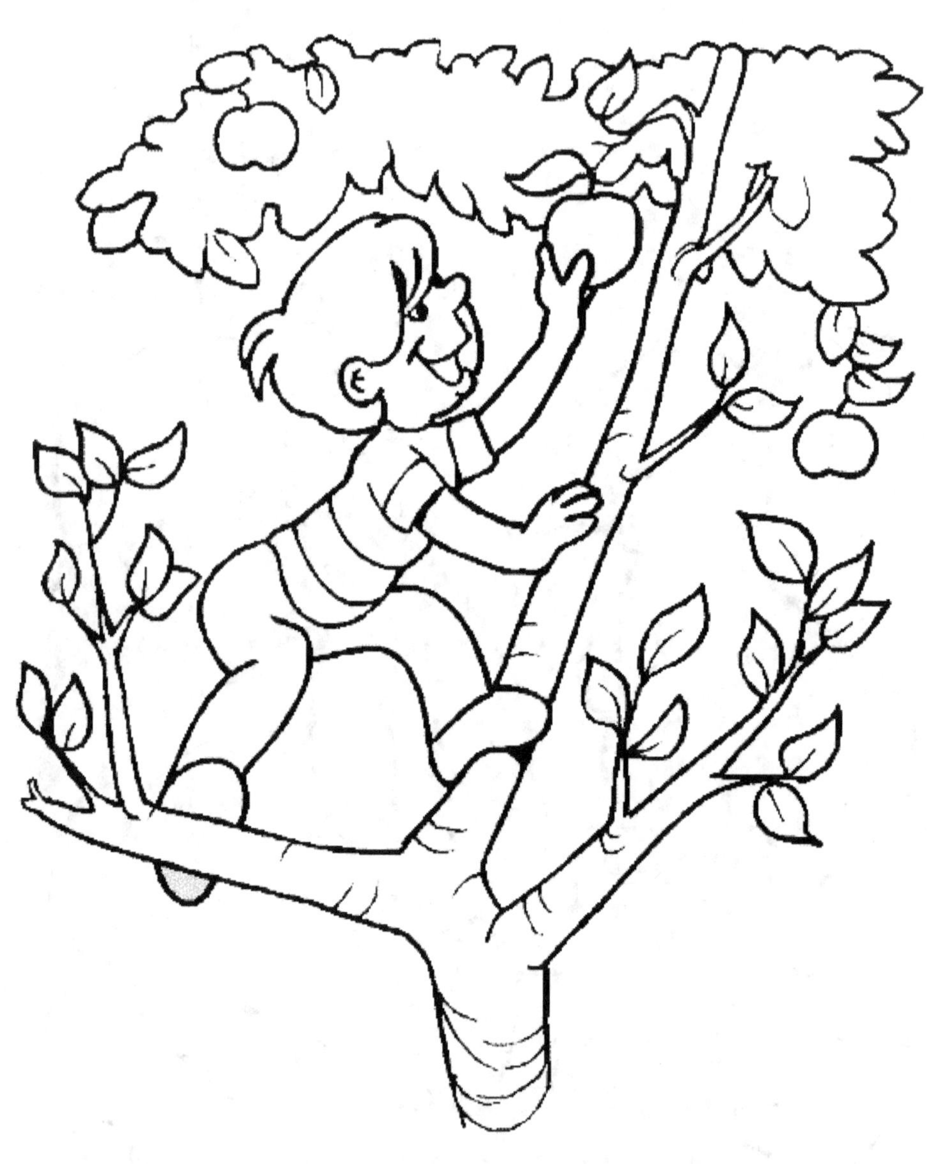

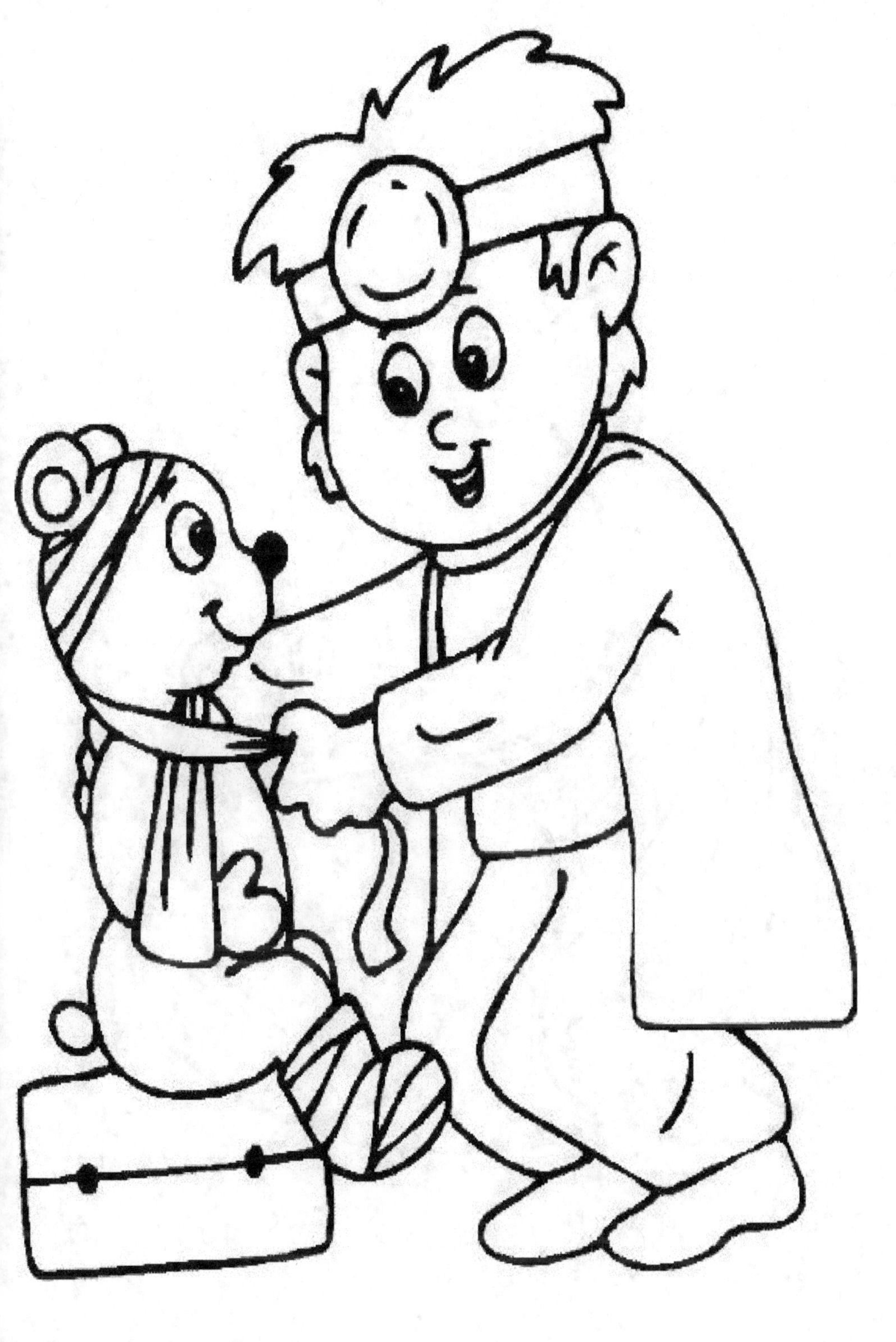

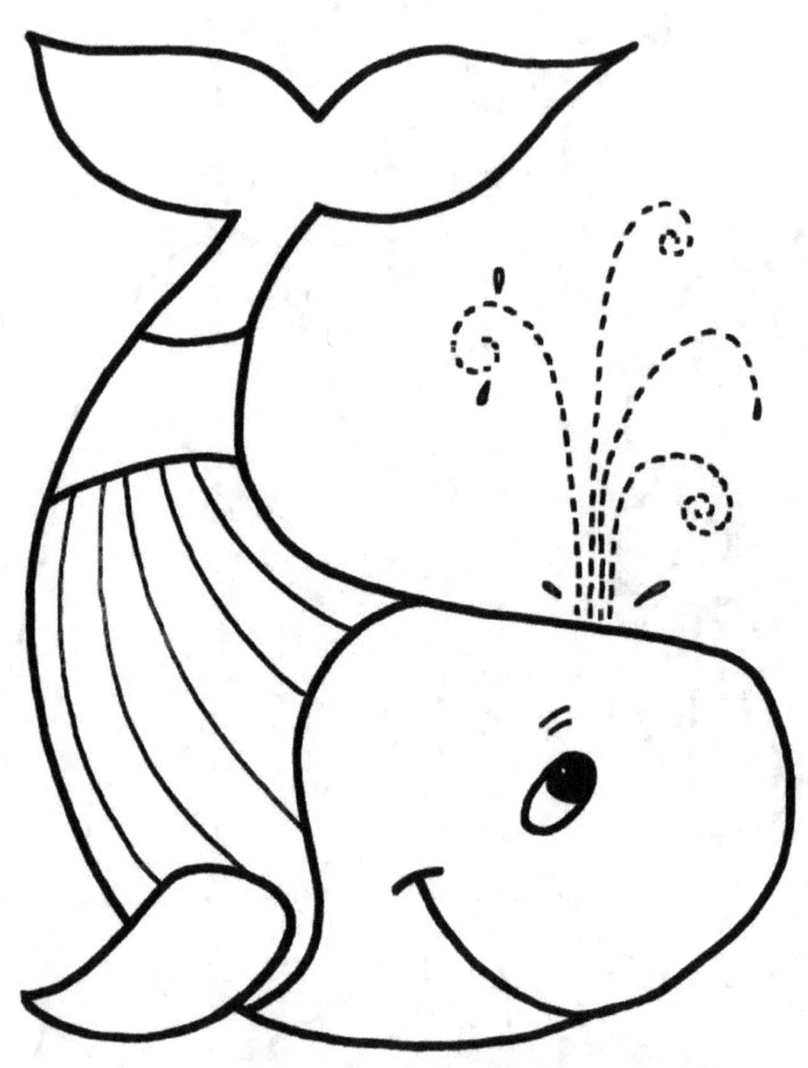

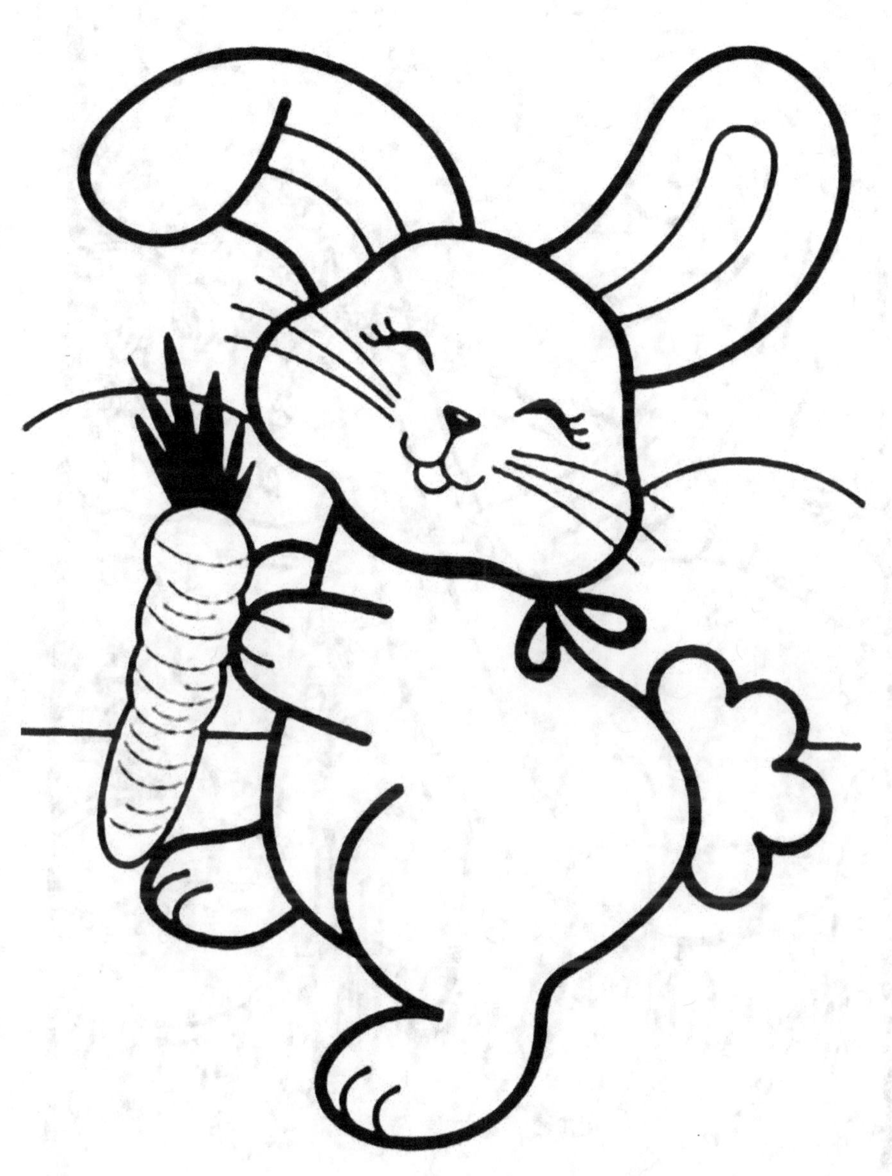

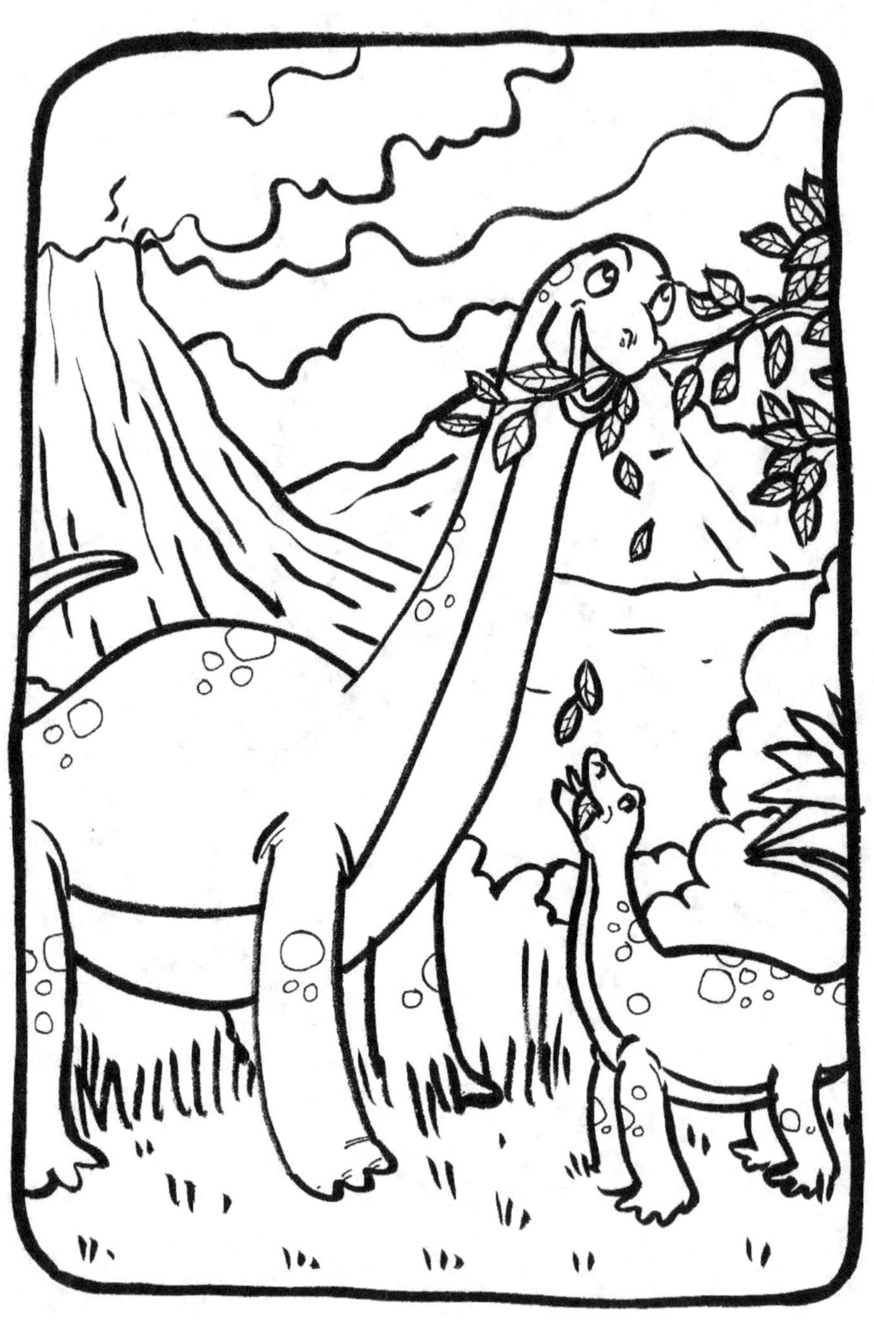

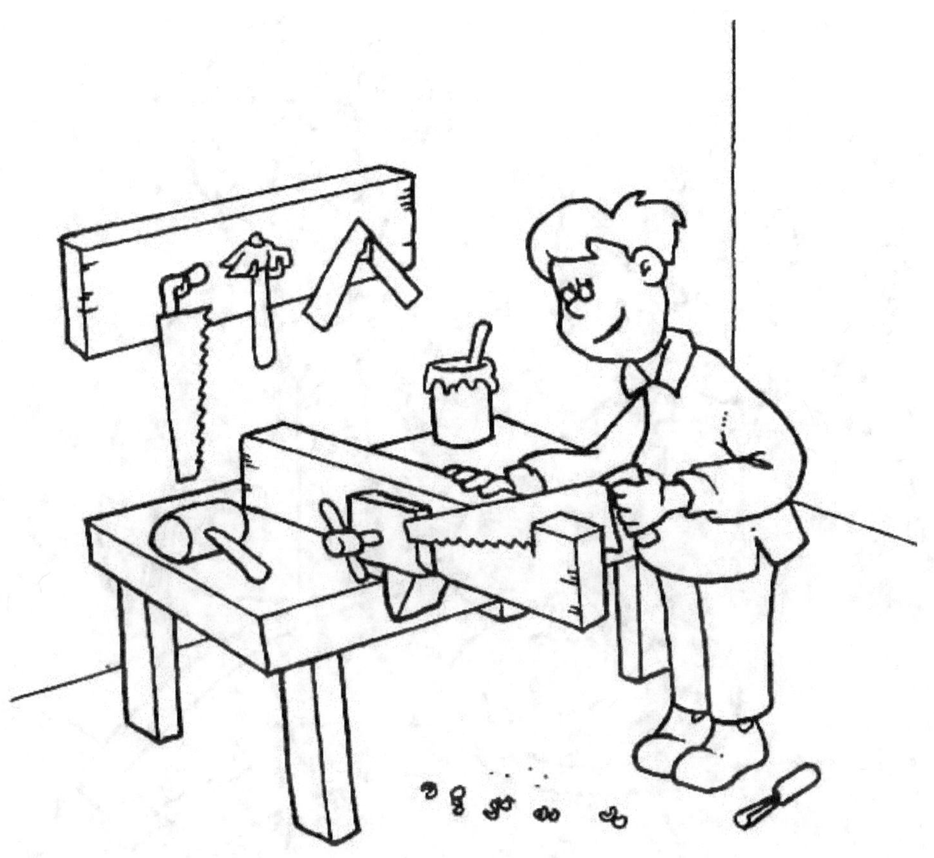

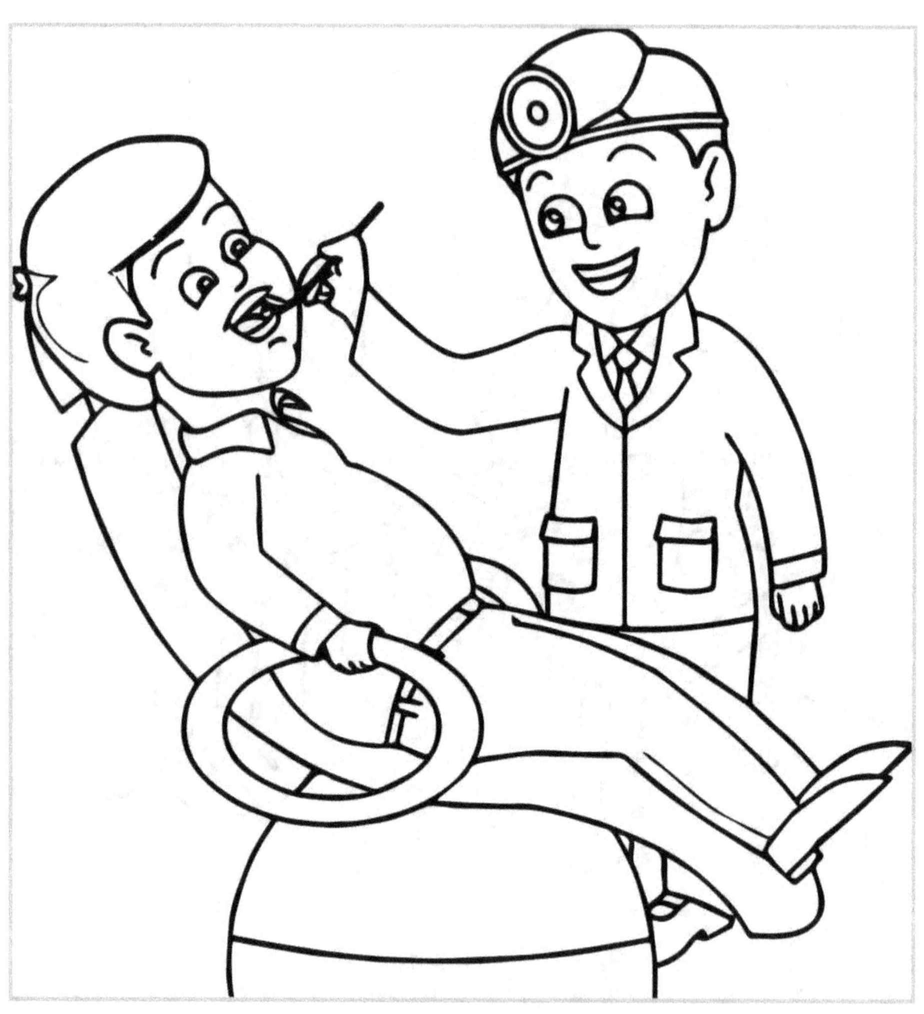

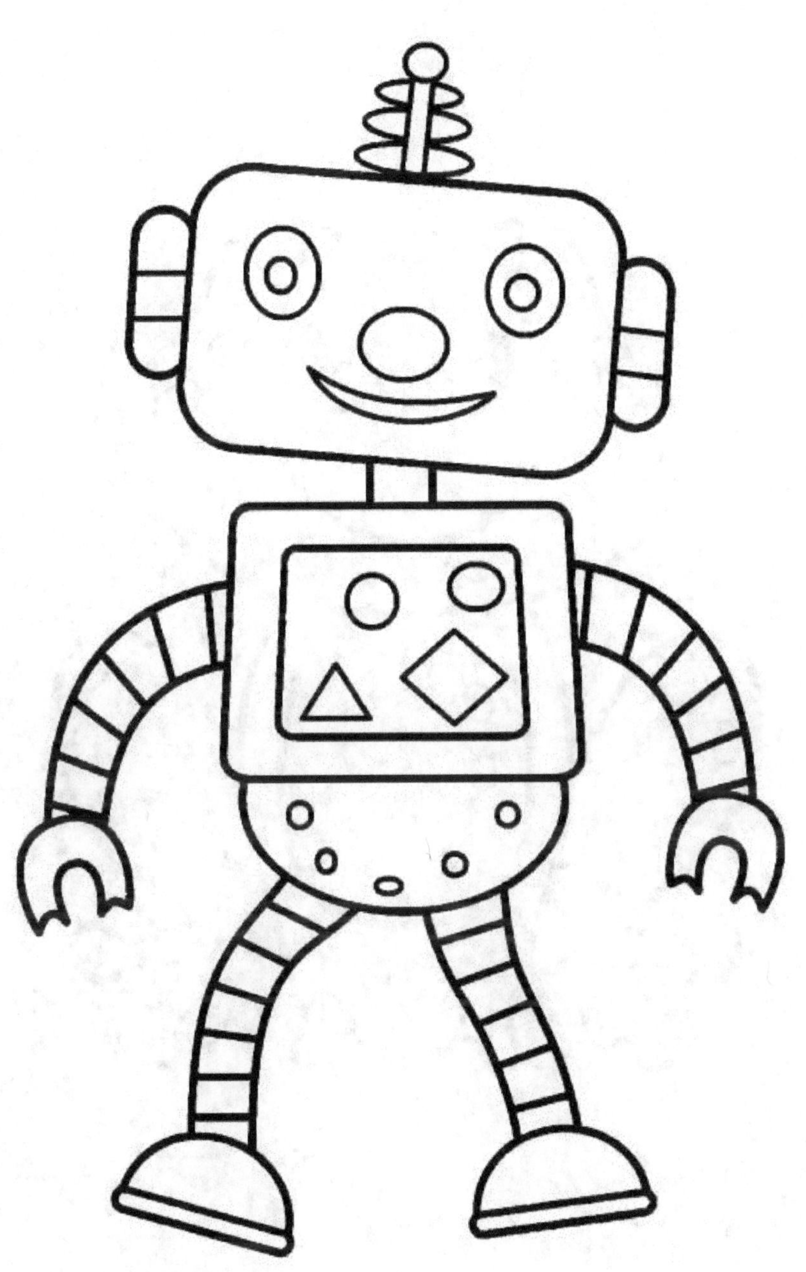

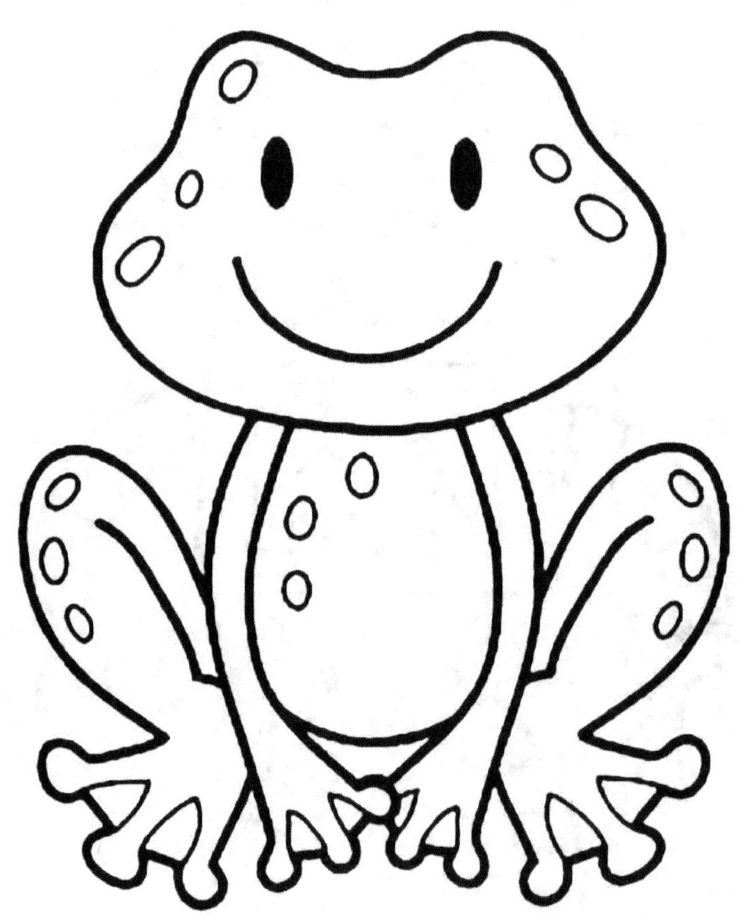

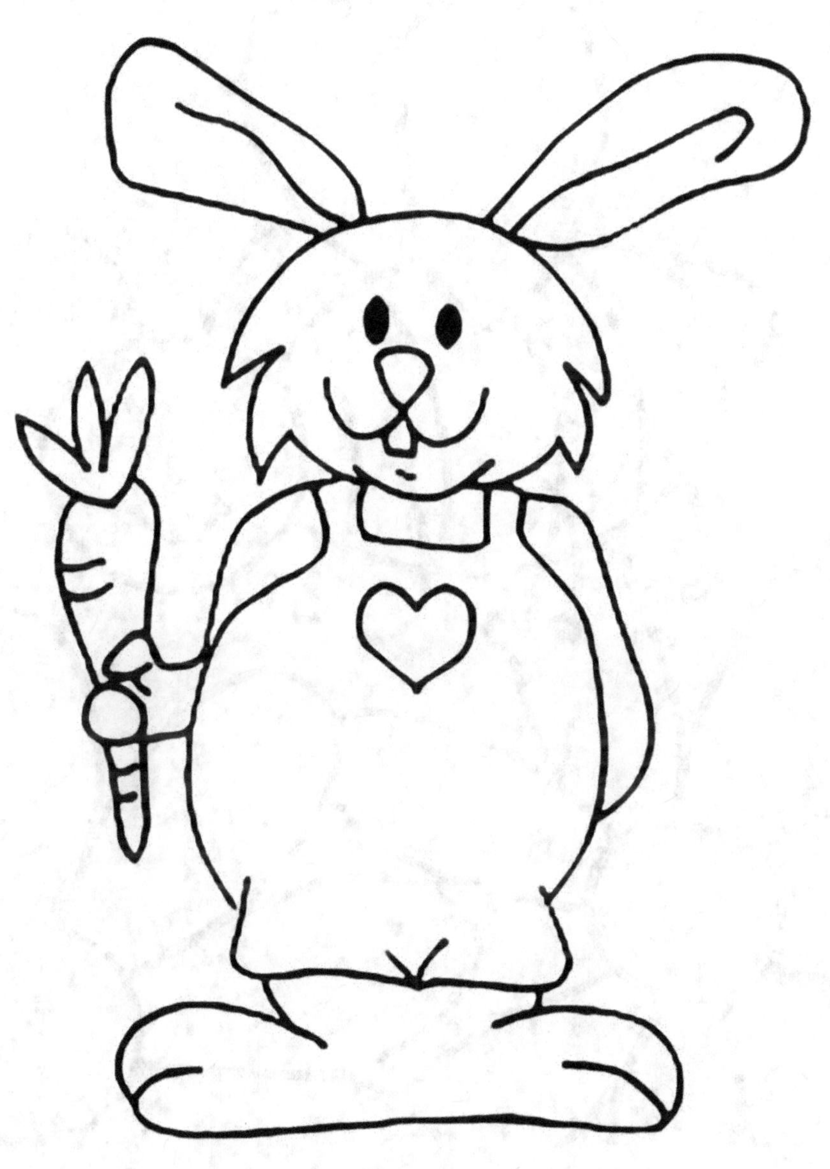

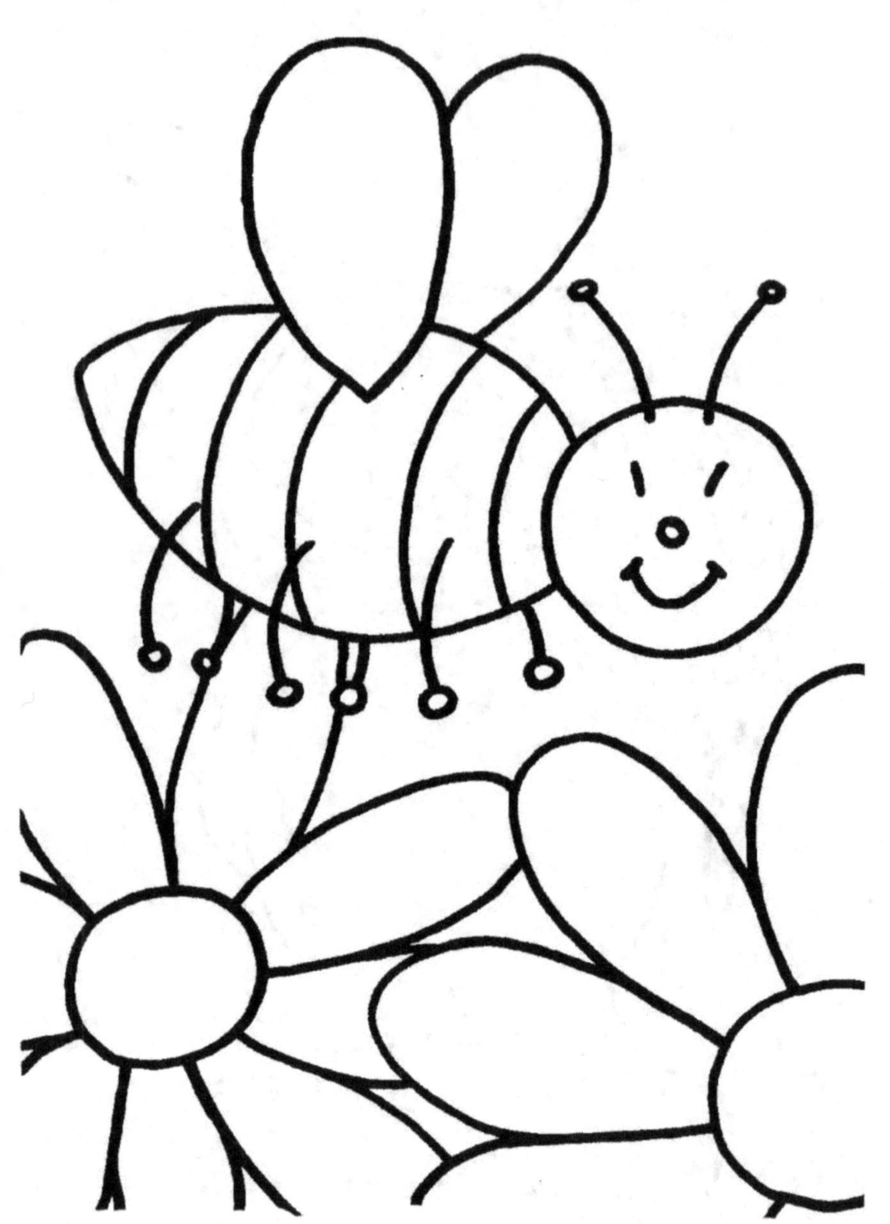

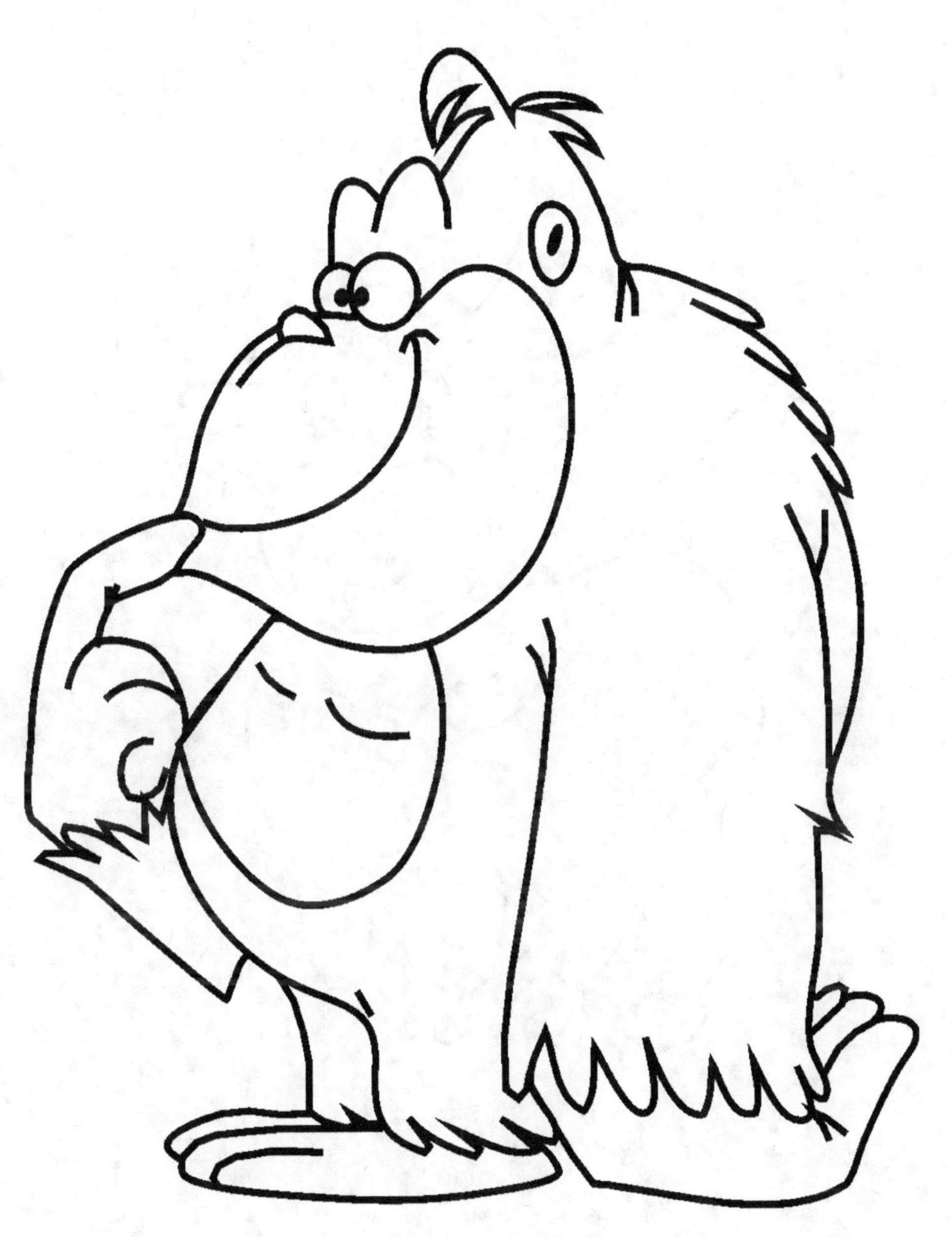

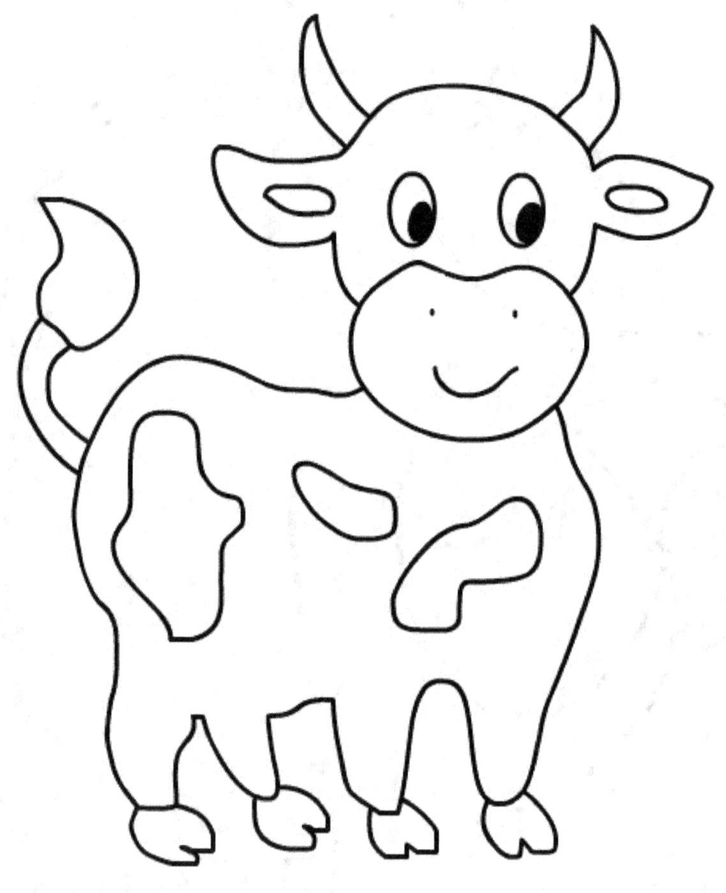

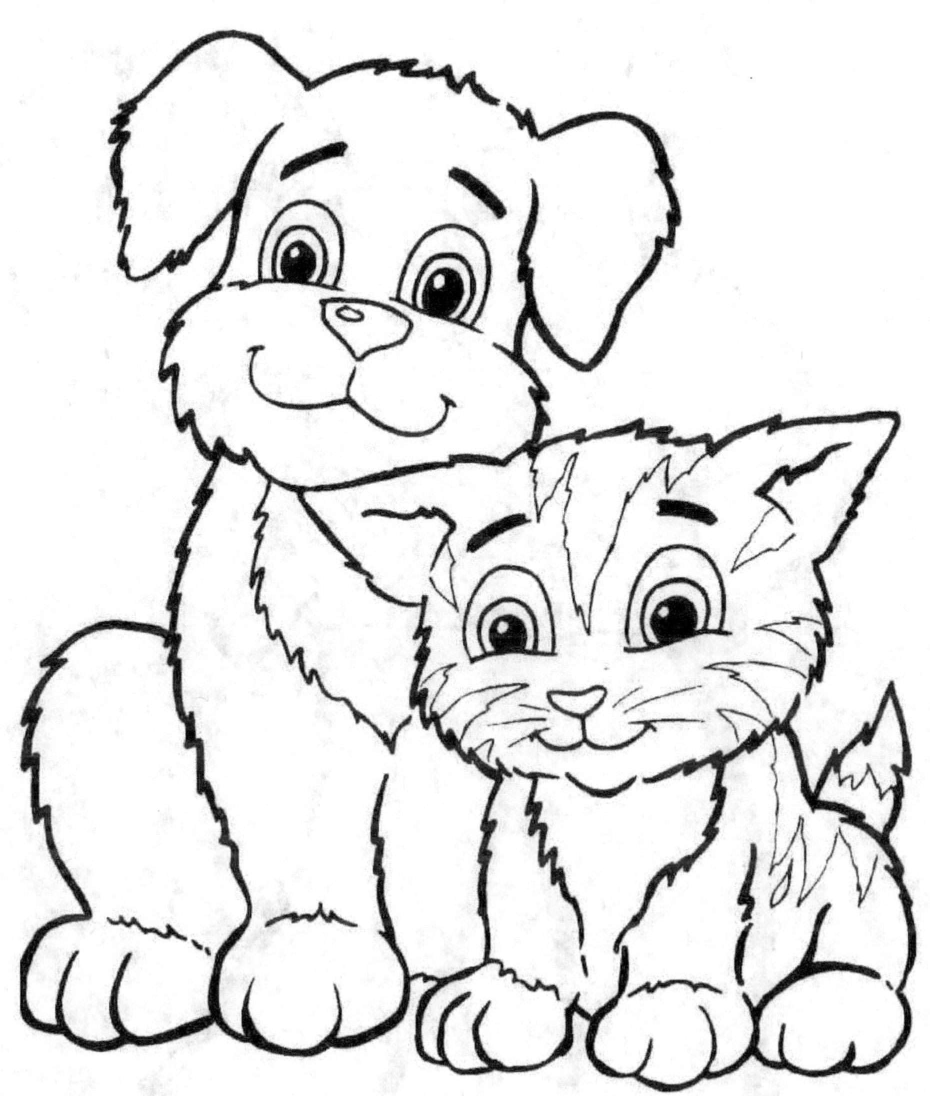

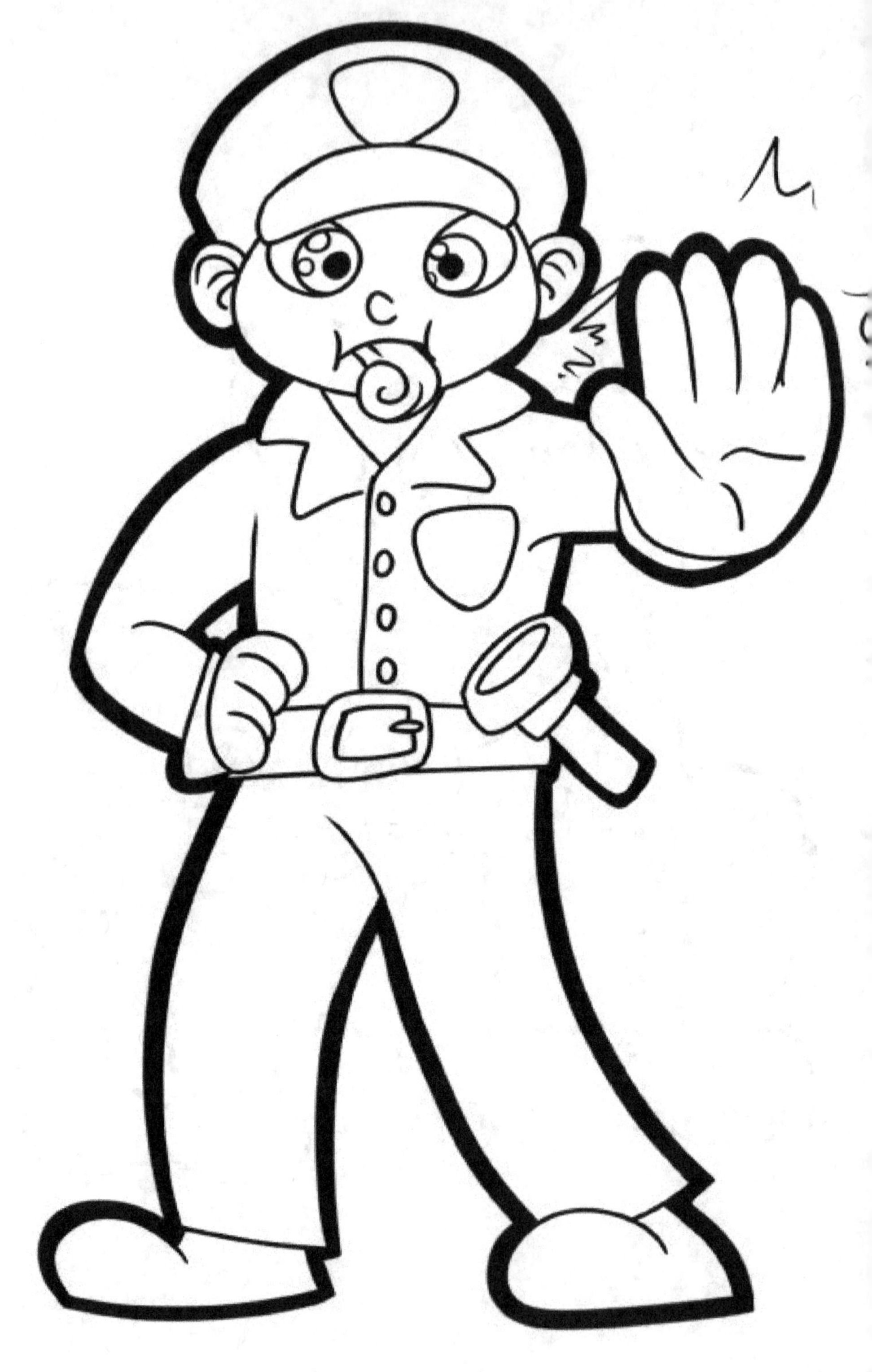

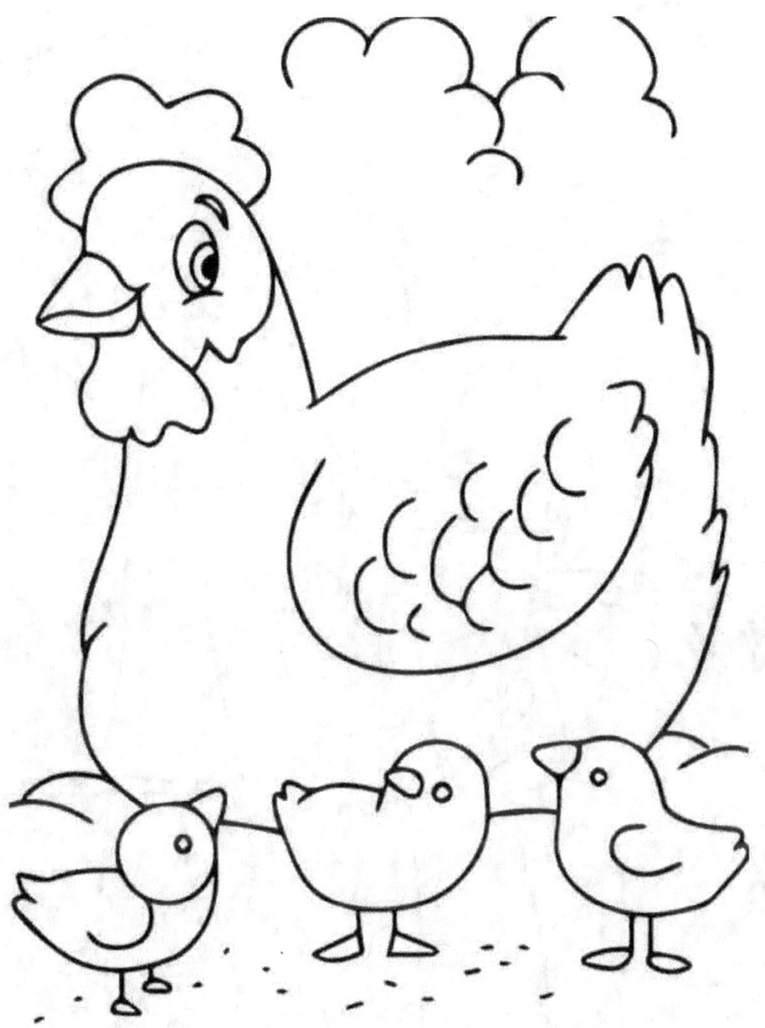

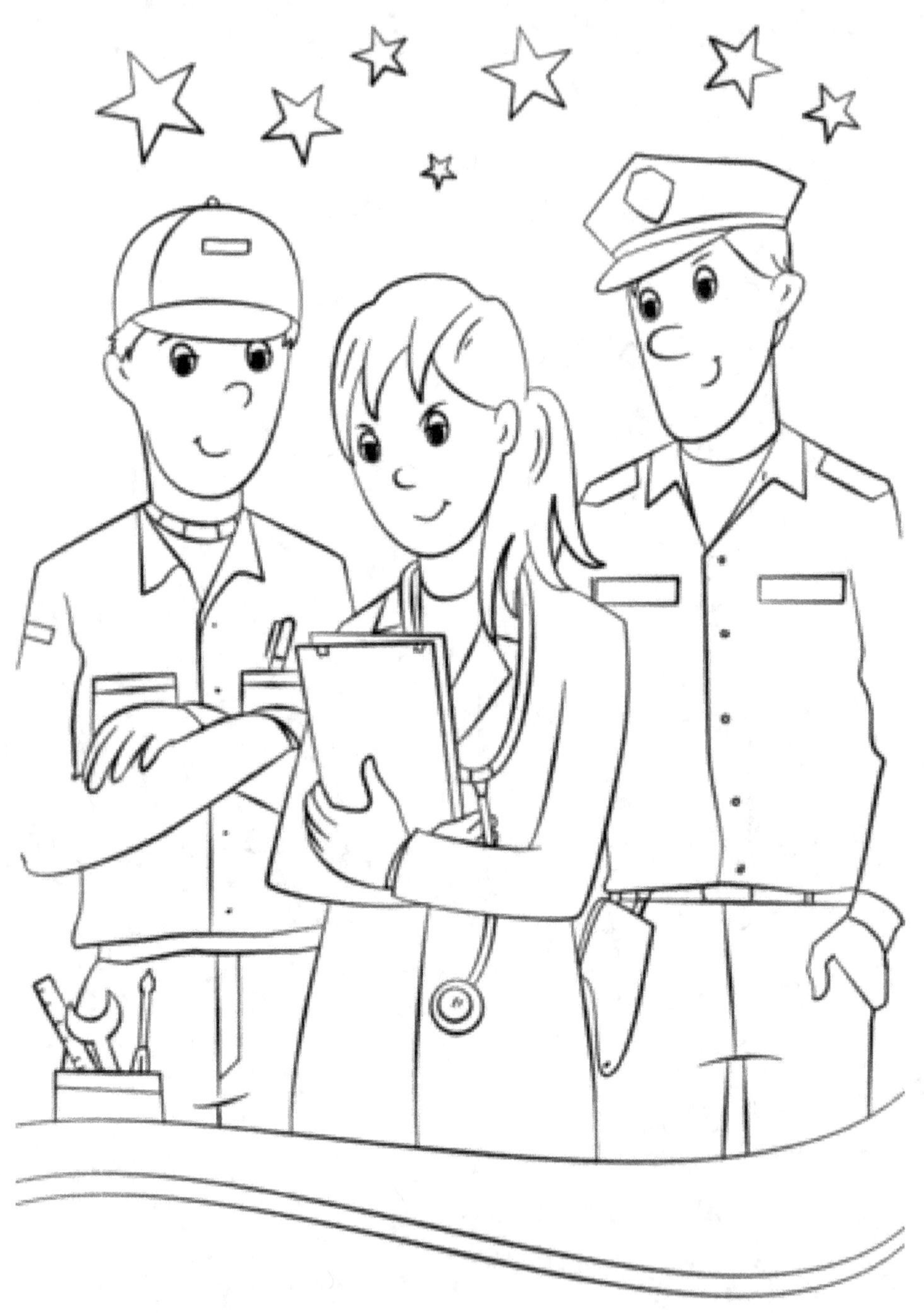

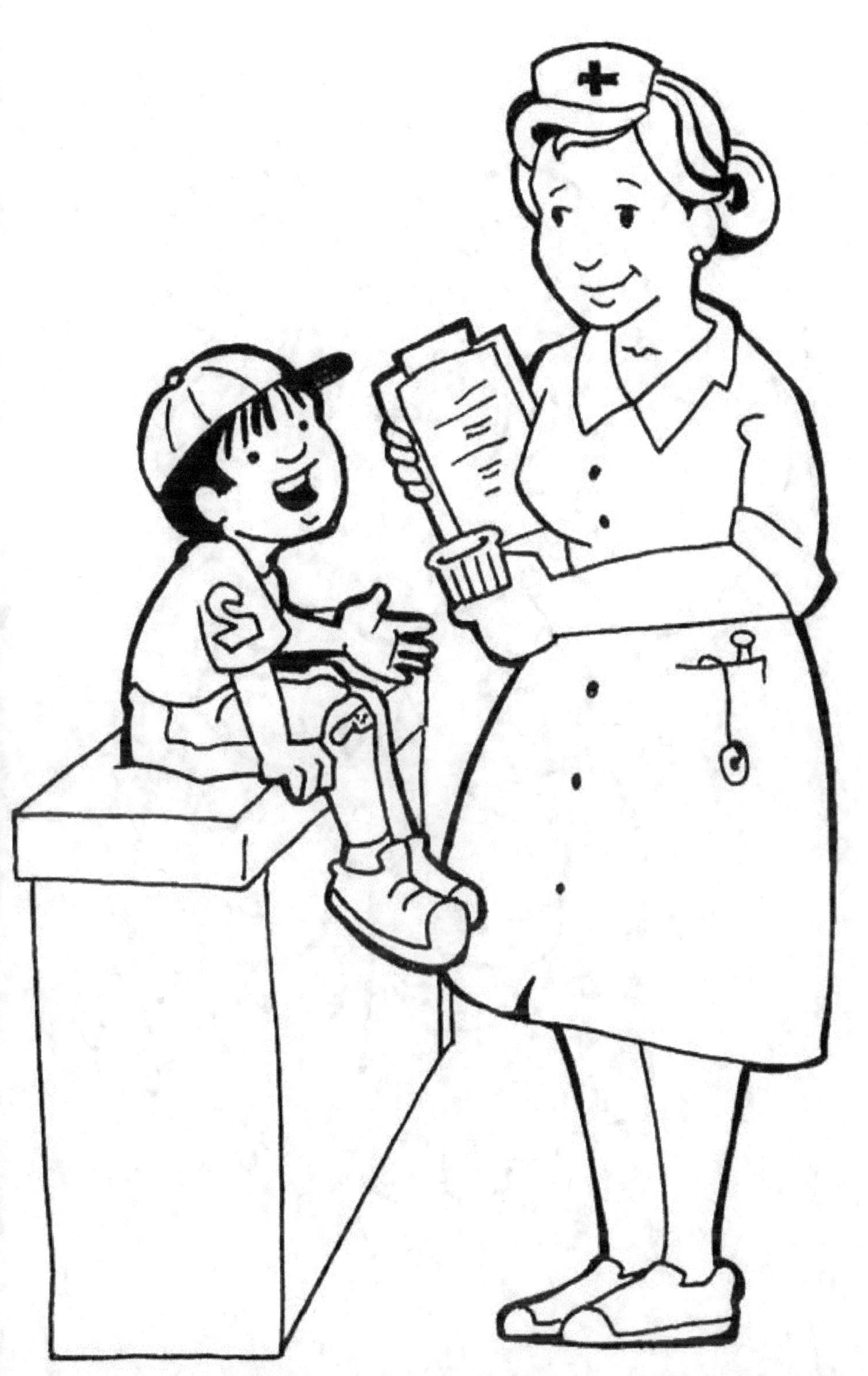

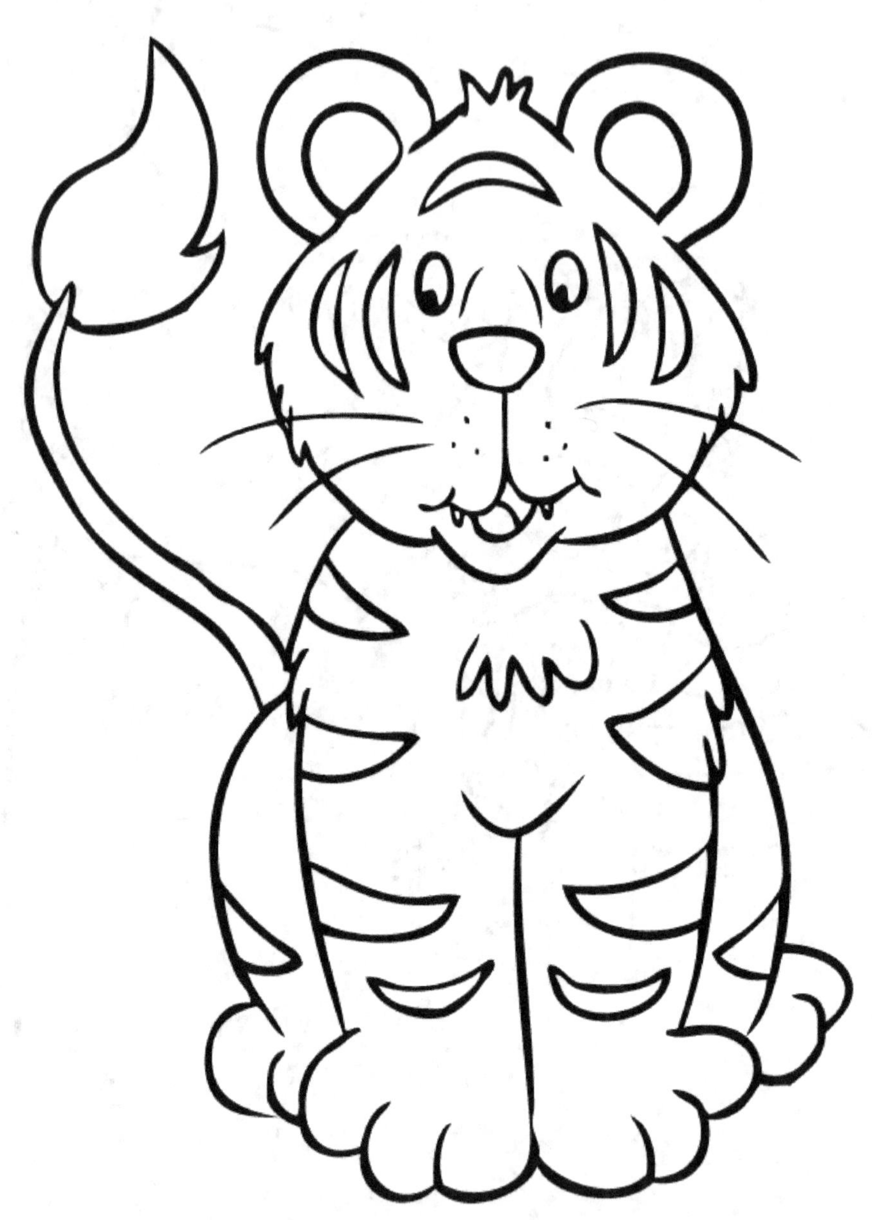

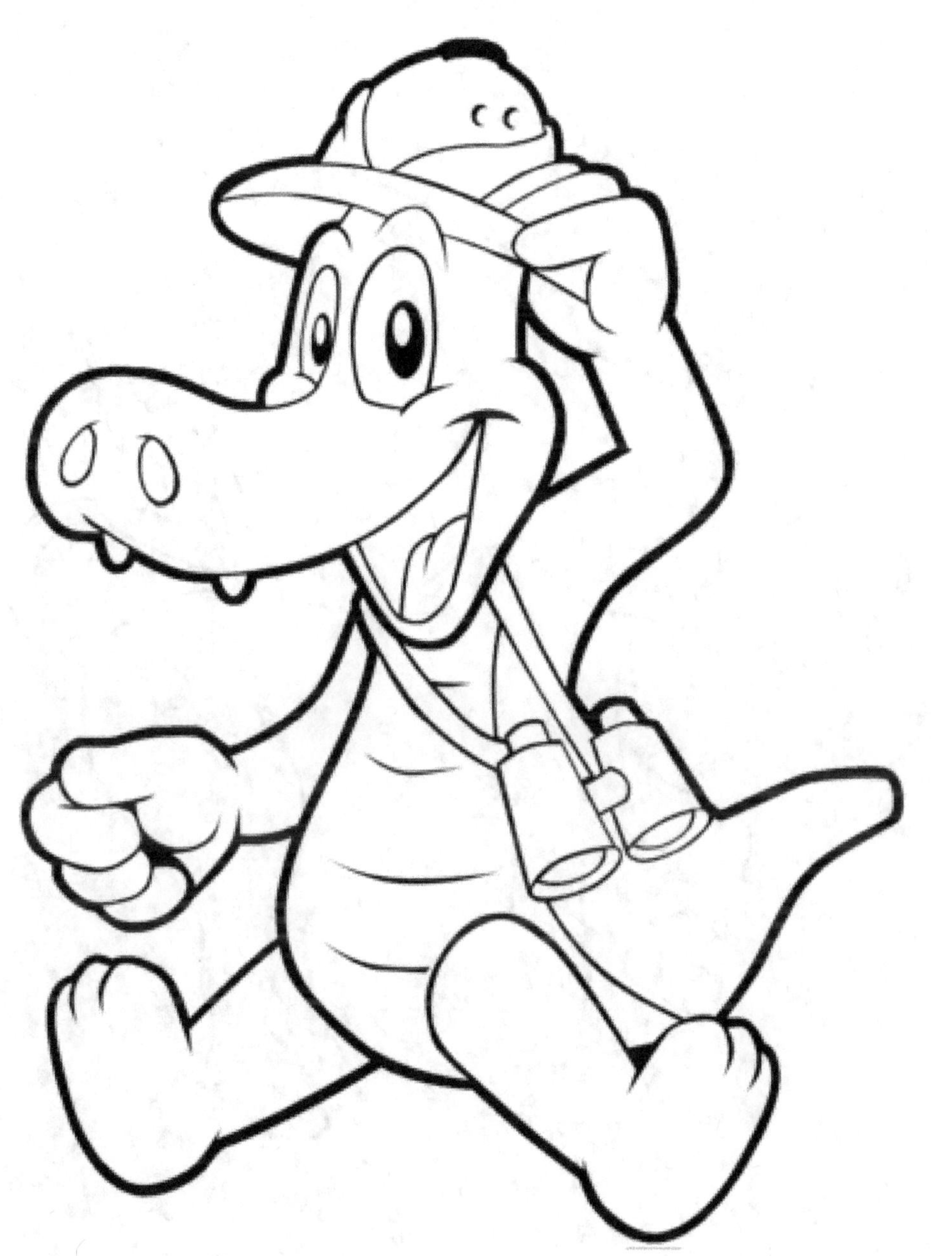

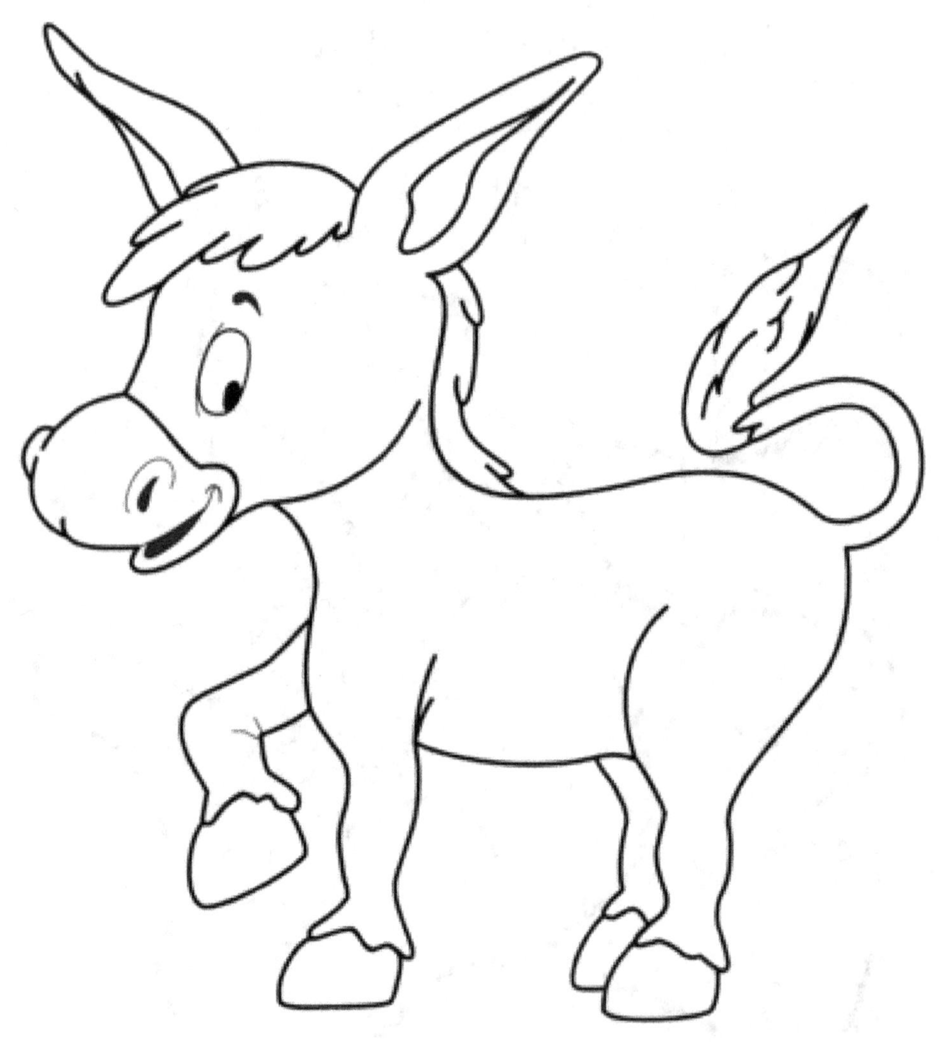

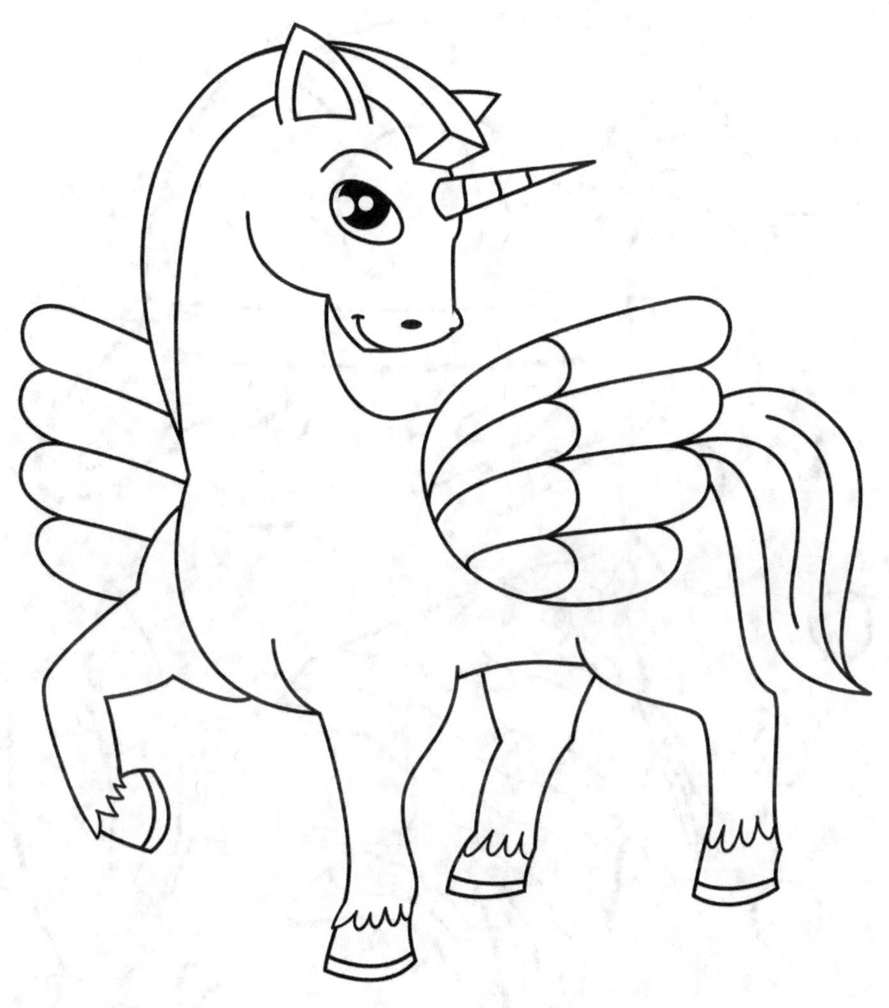

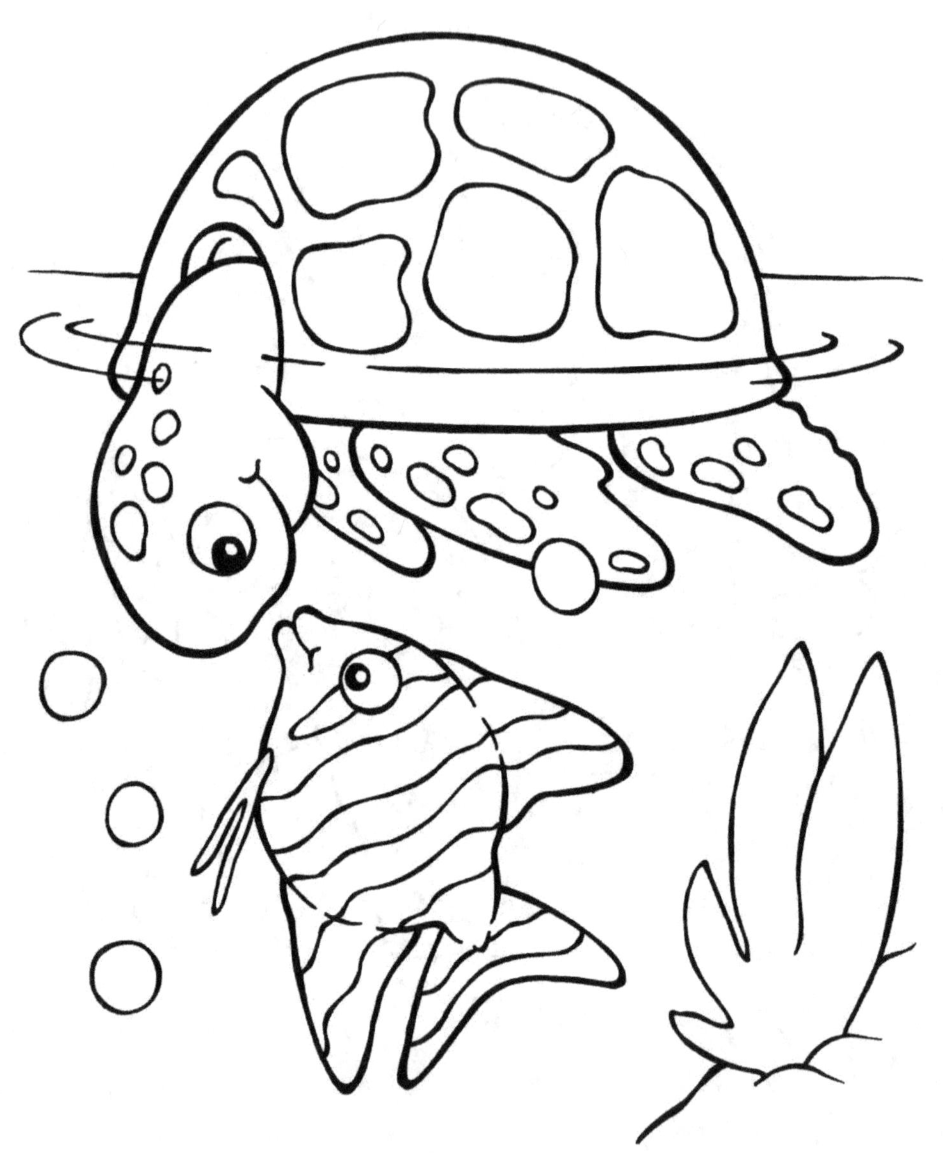

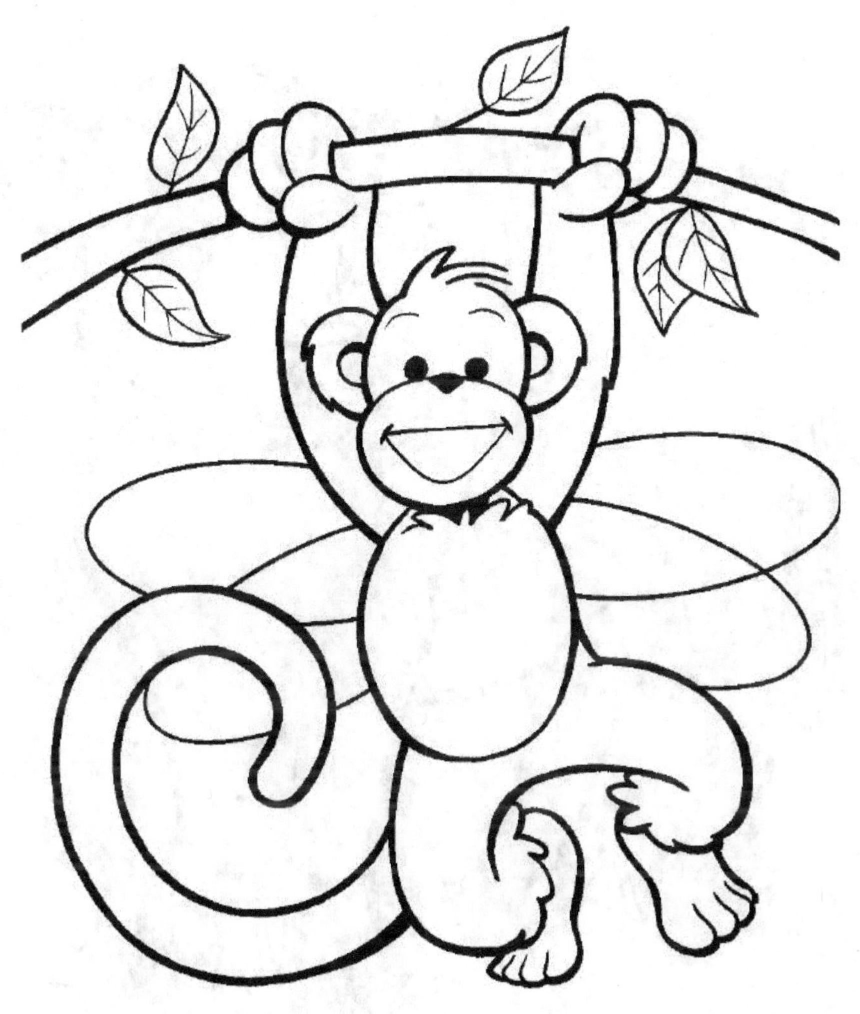

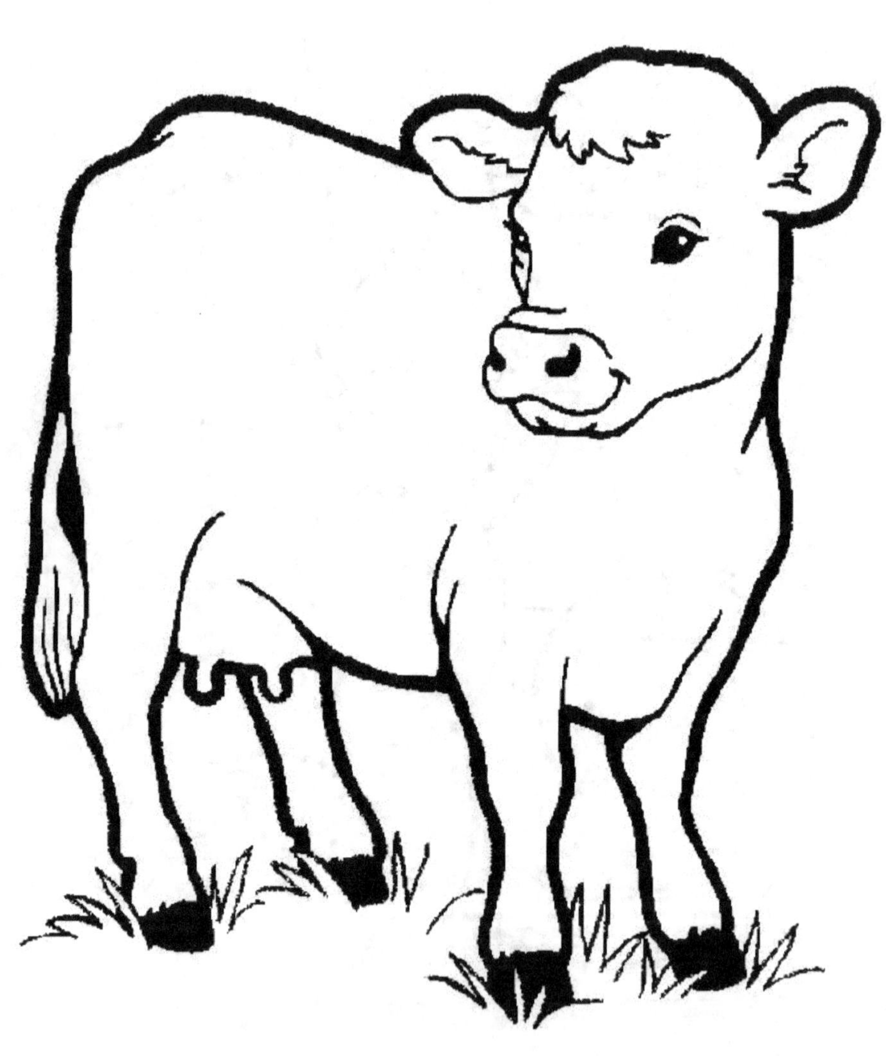

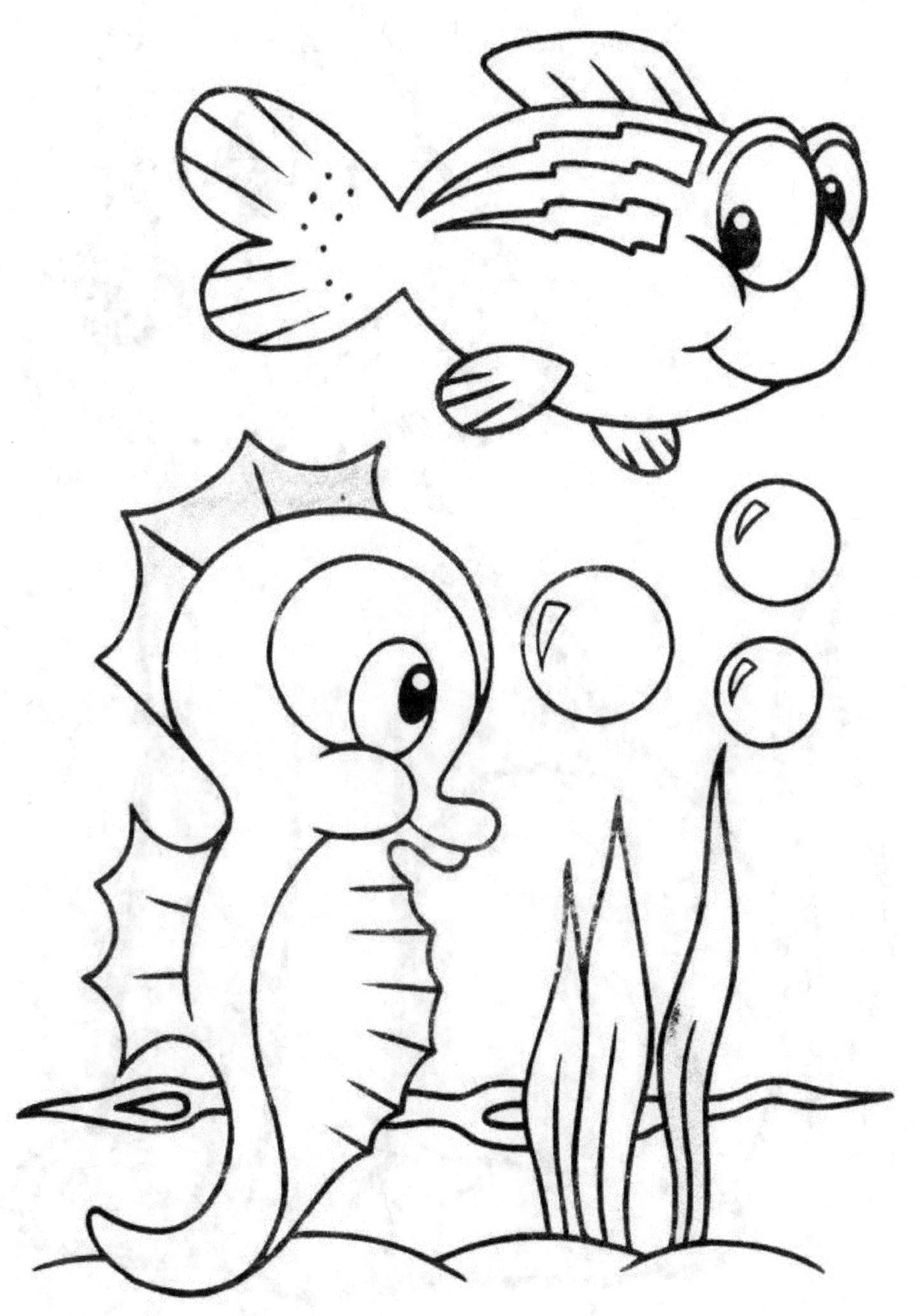

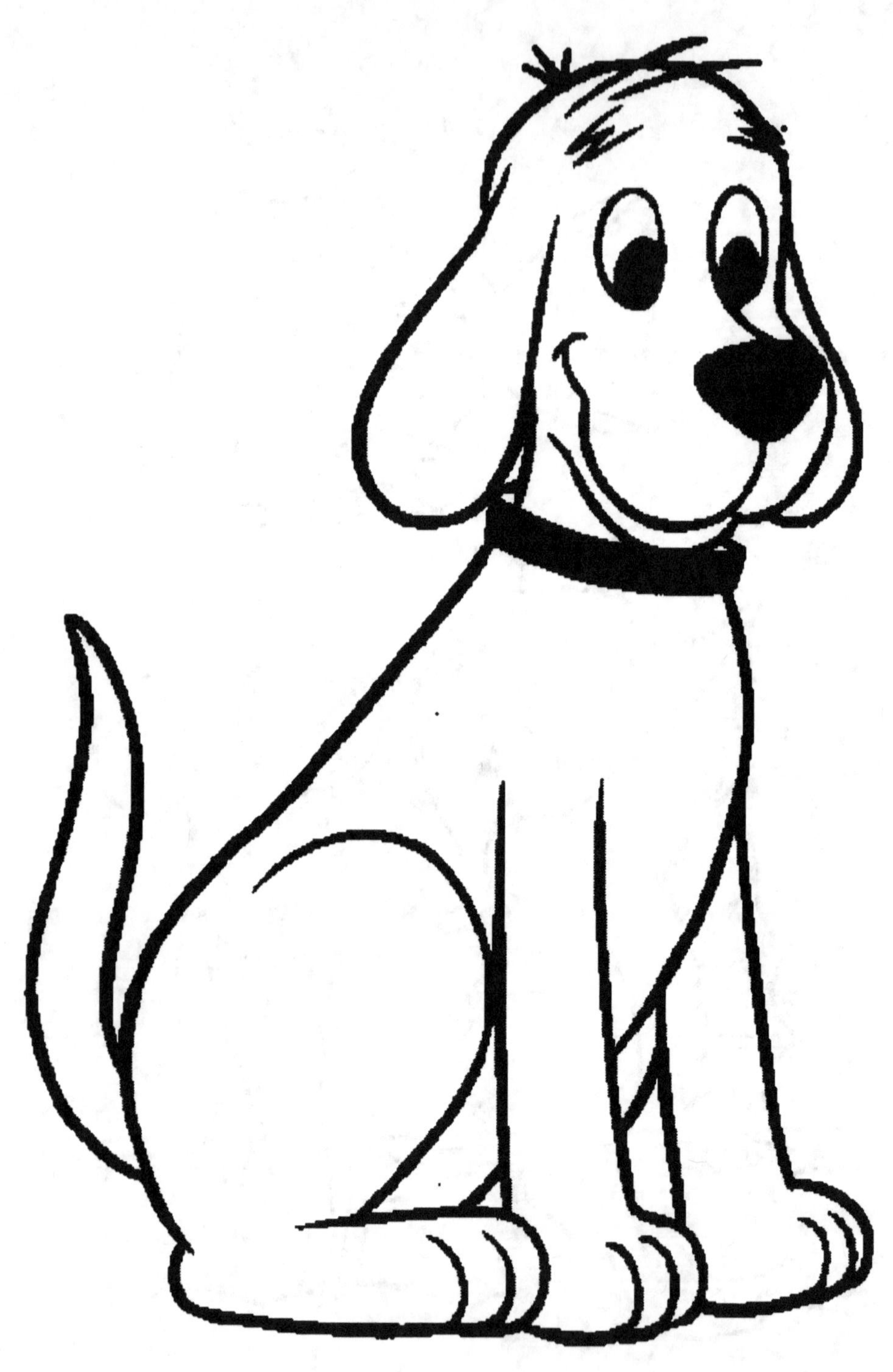

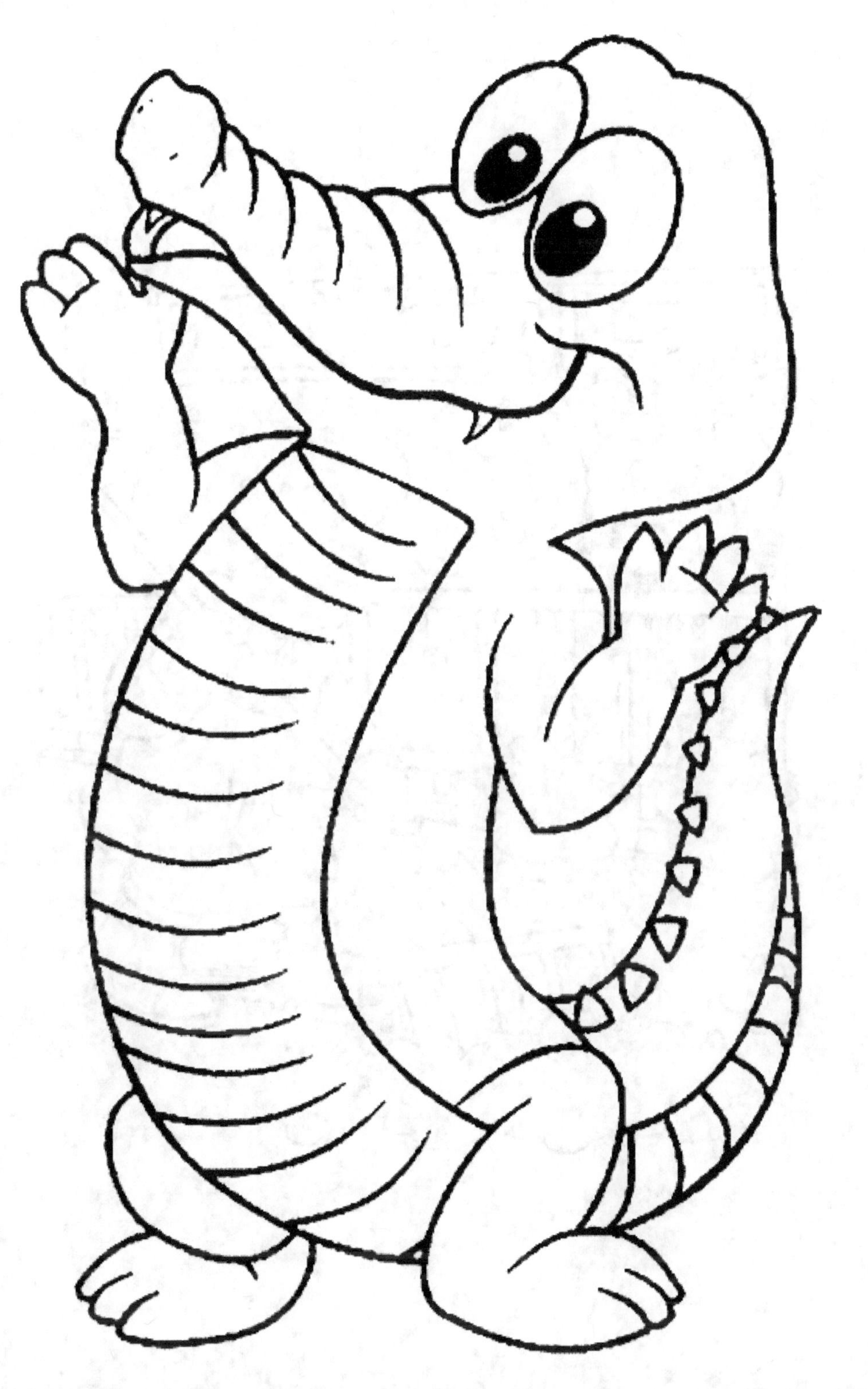

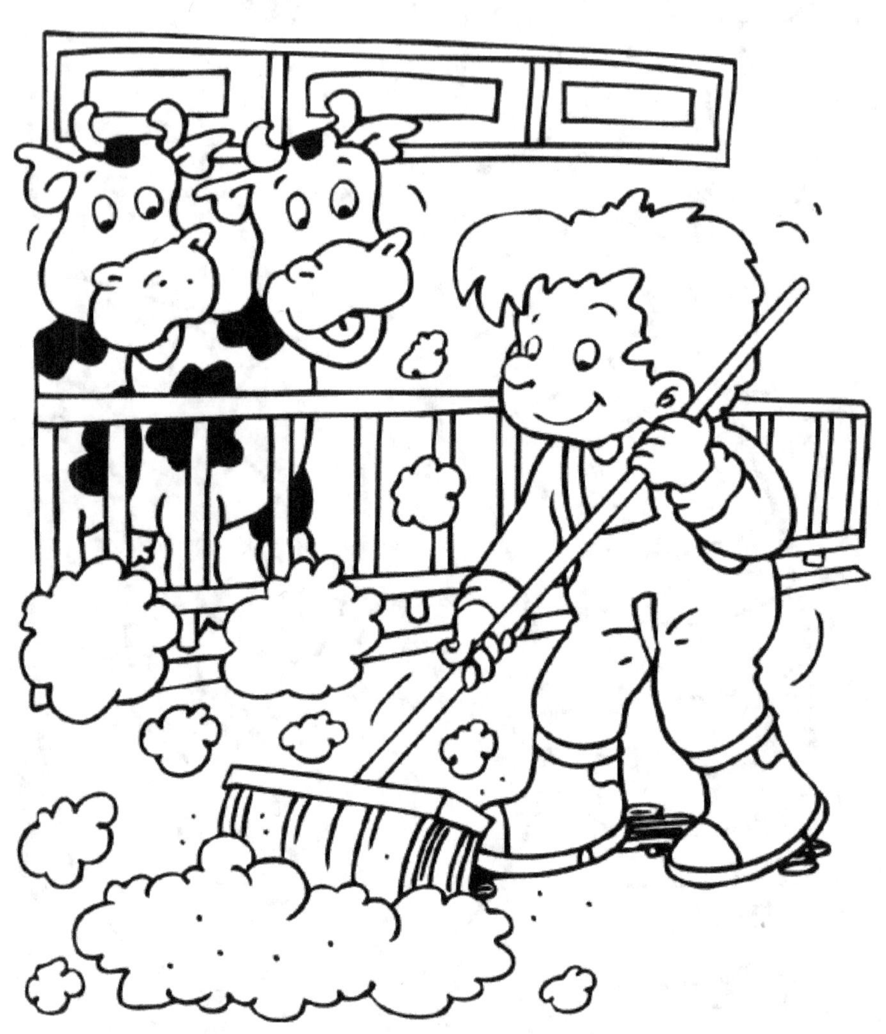

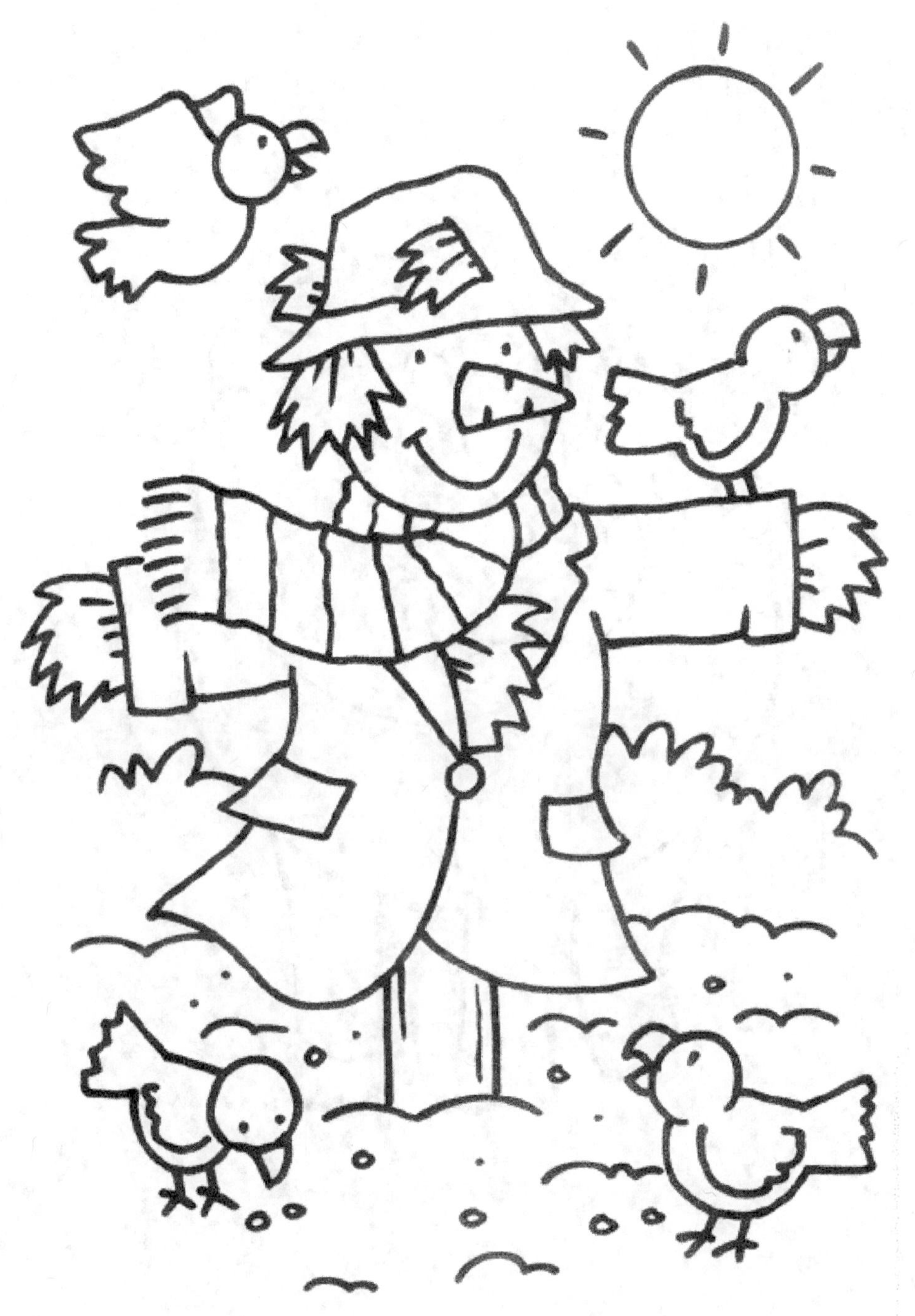

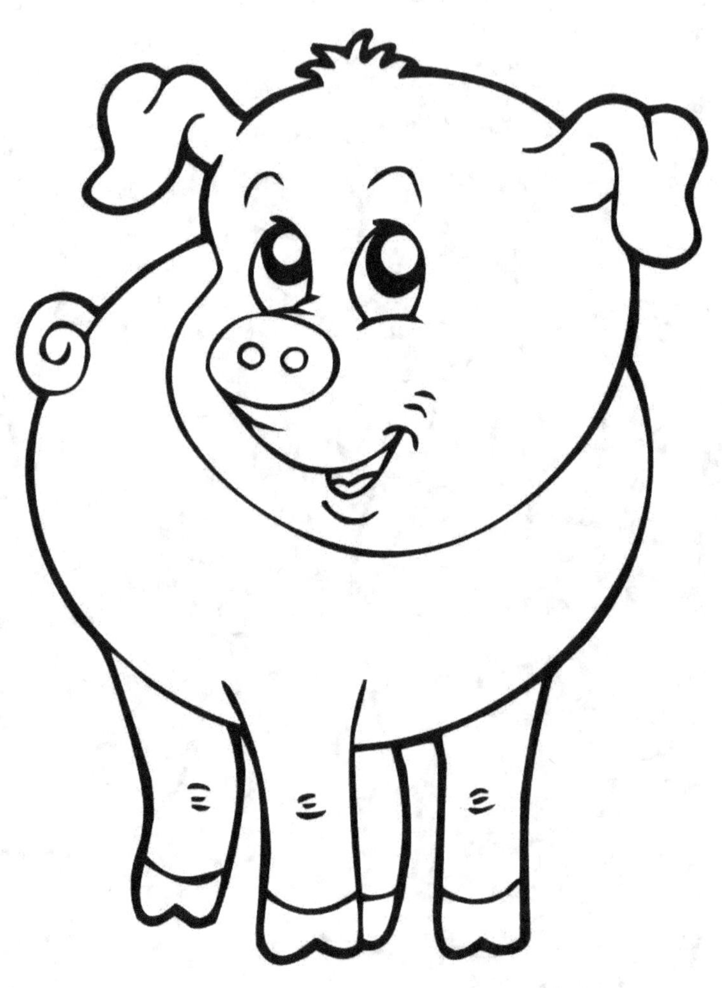

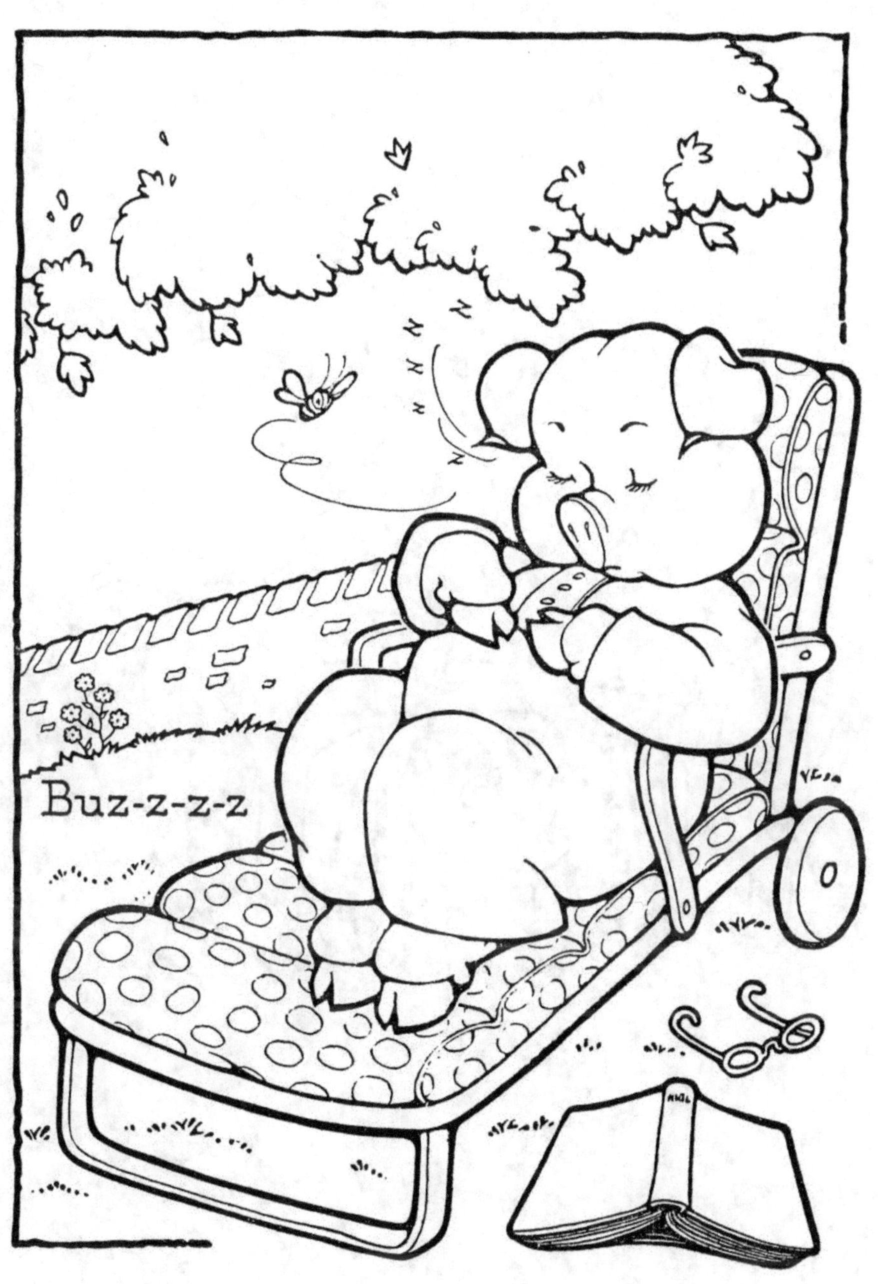
Buz-z-z-z

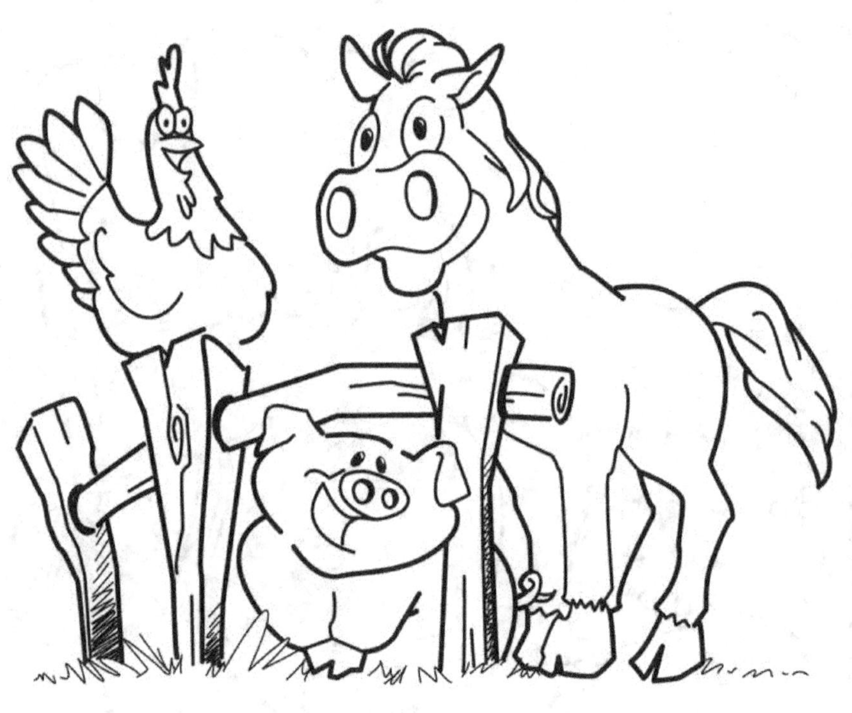

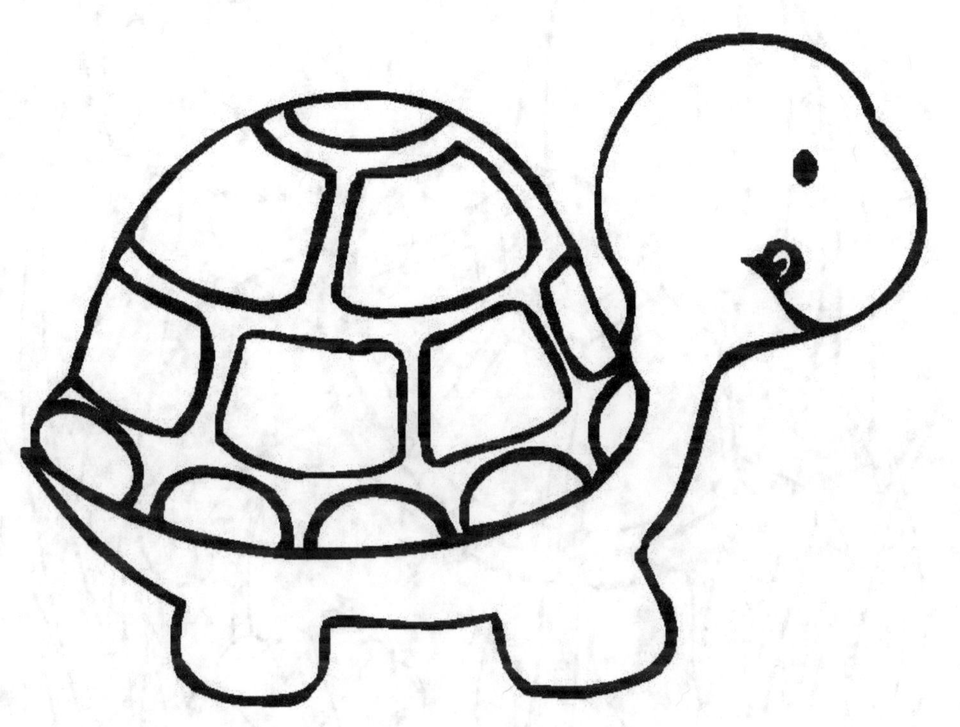

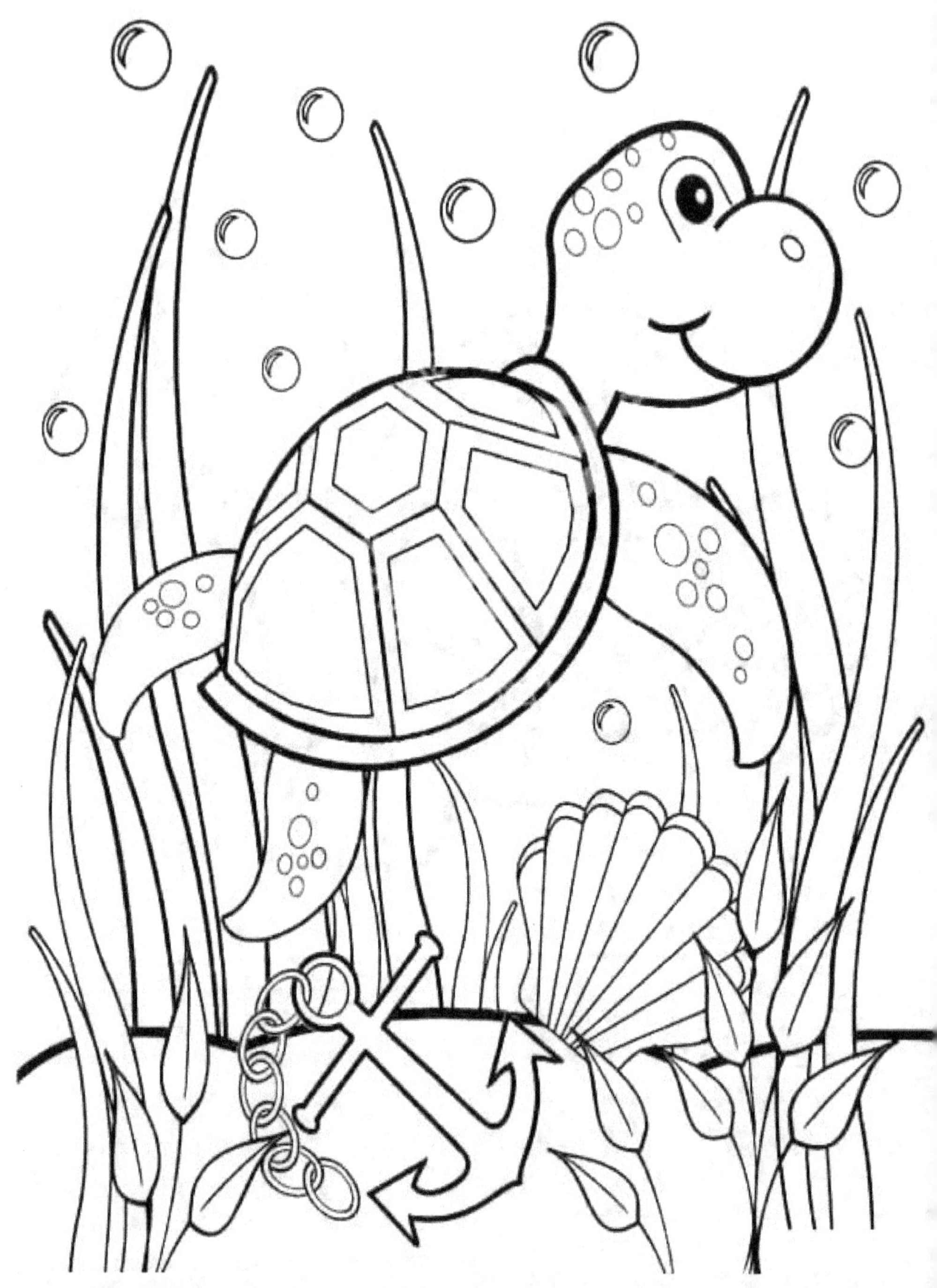

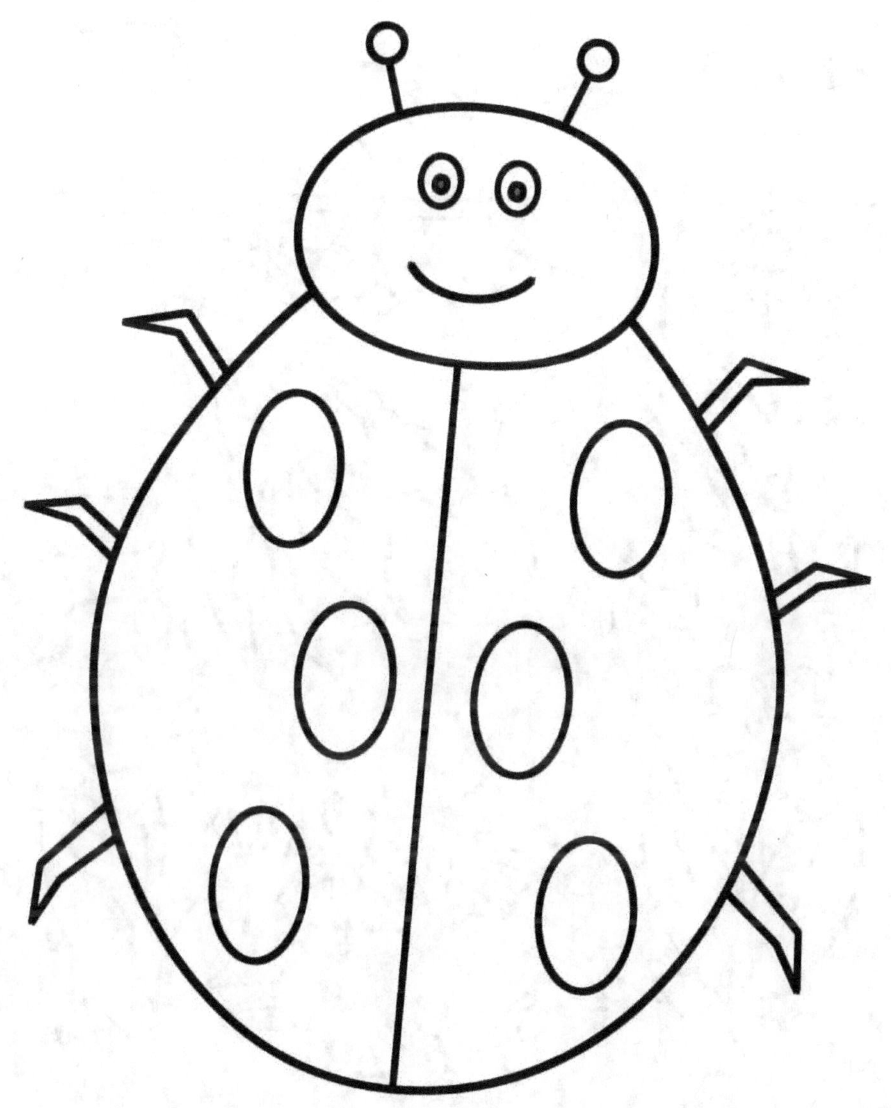

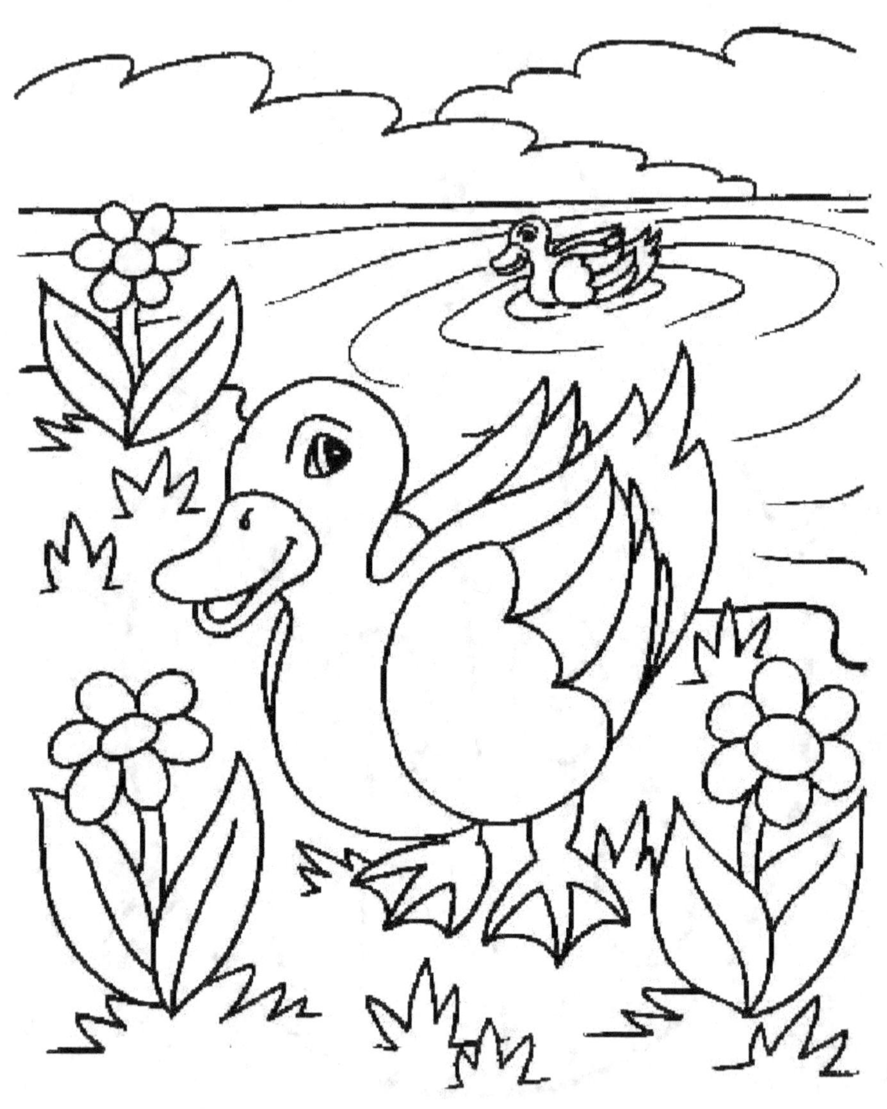

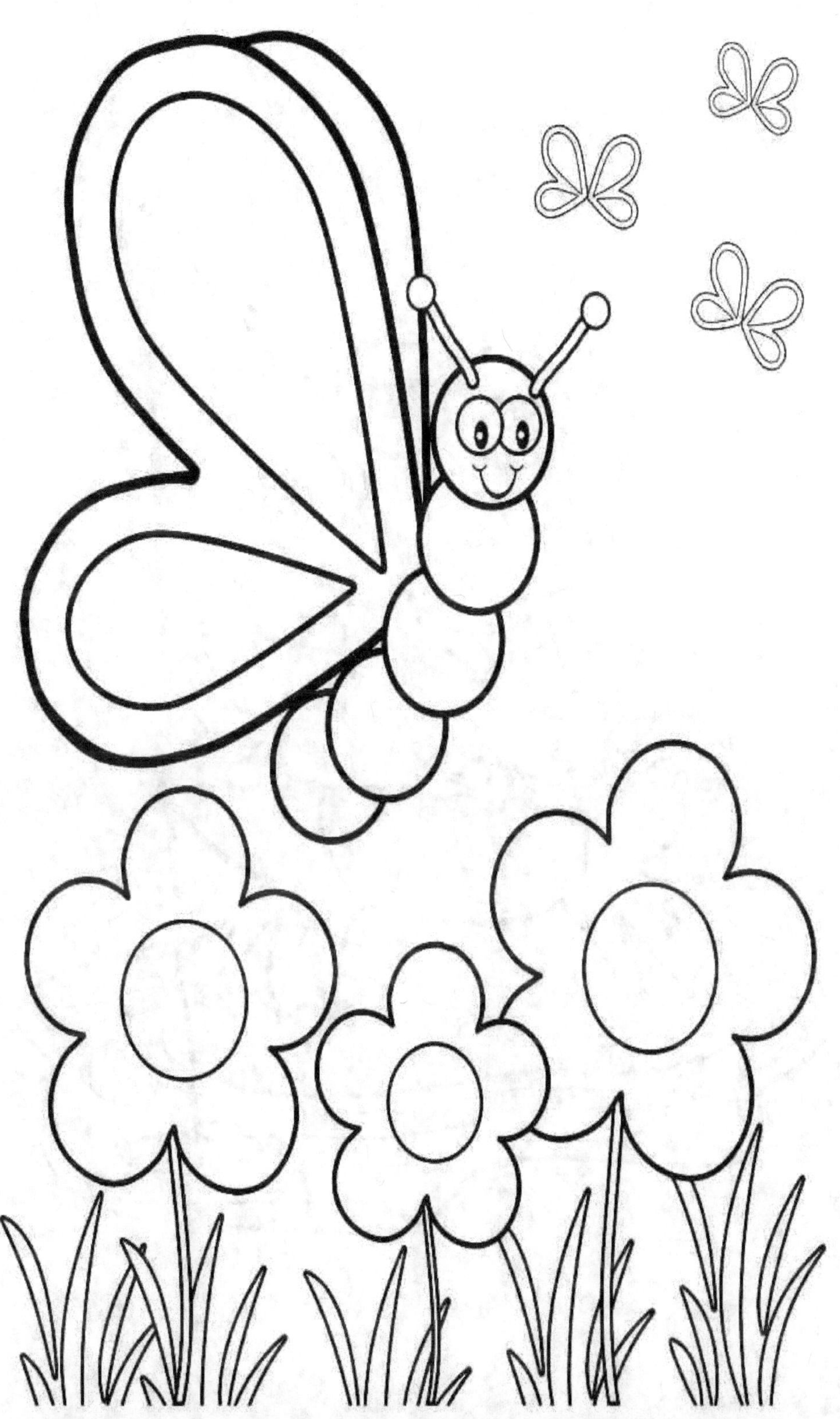

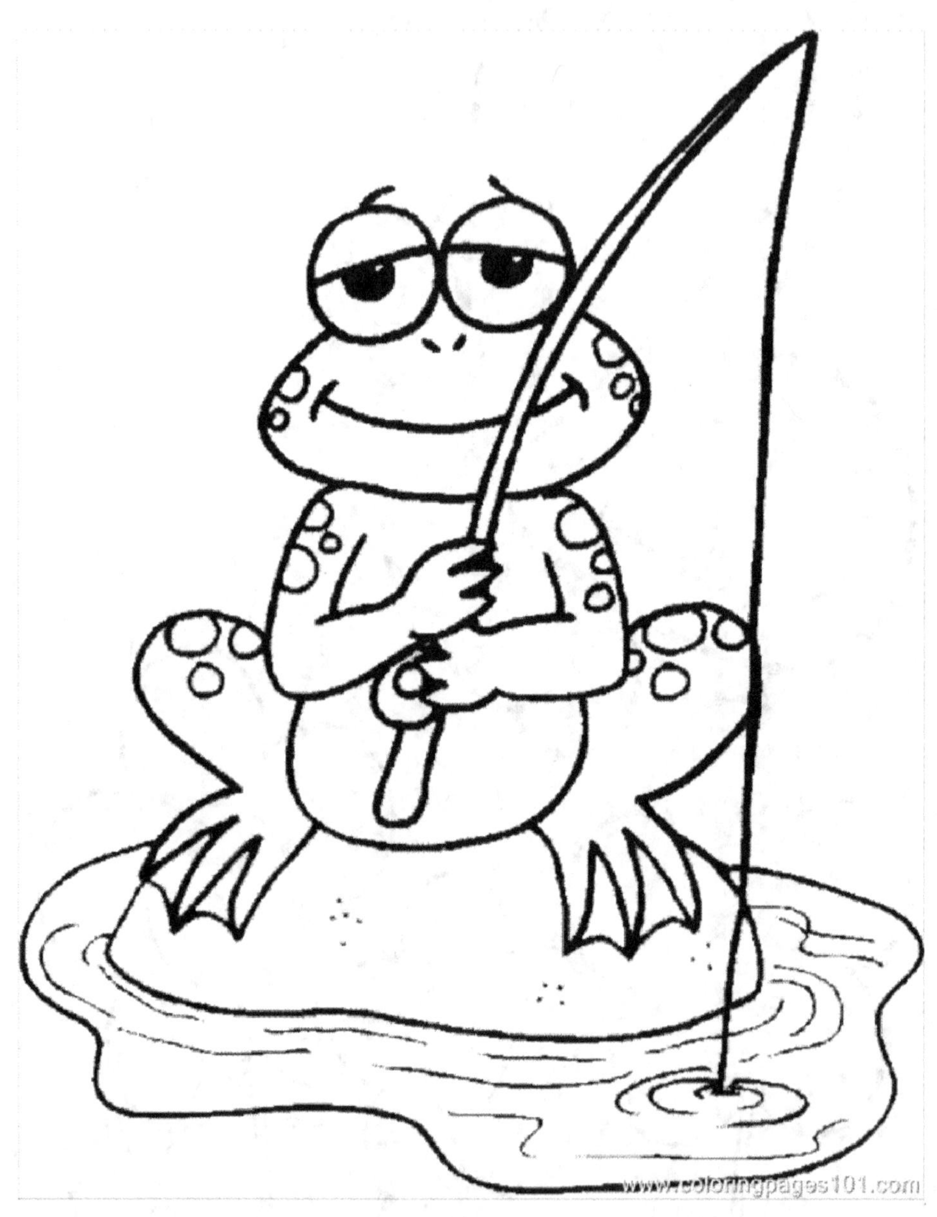

www.coloringpages101.com

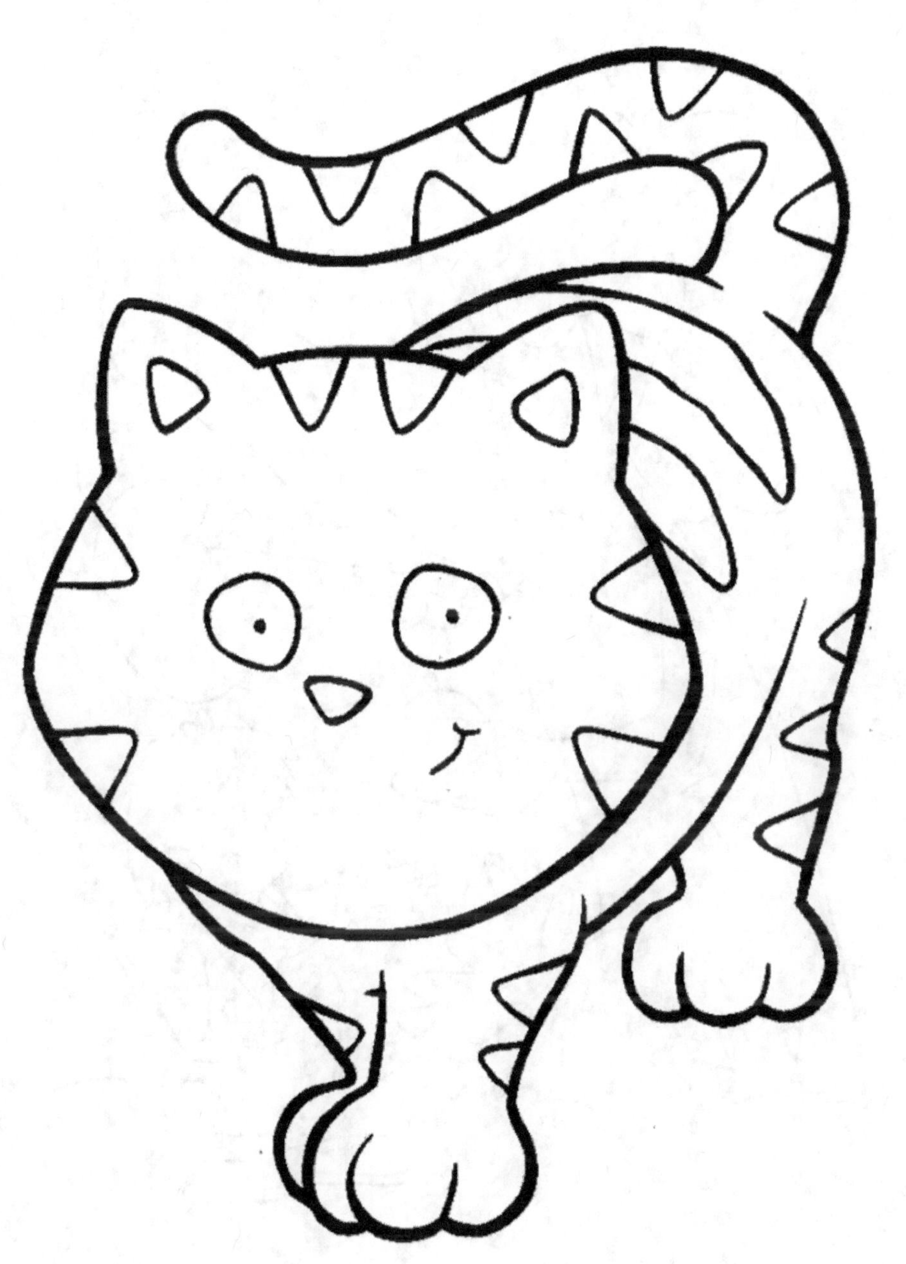

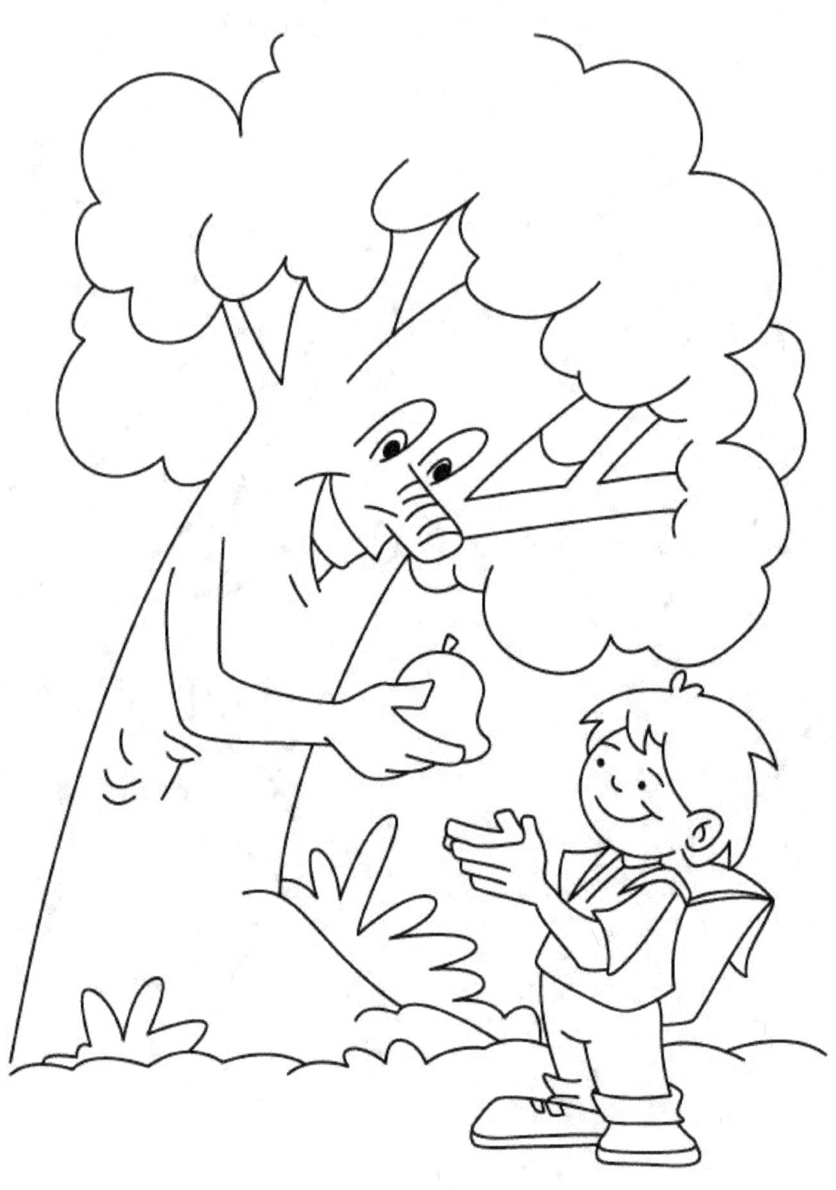

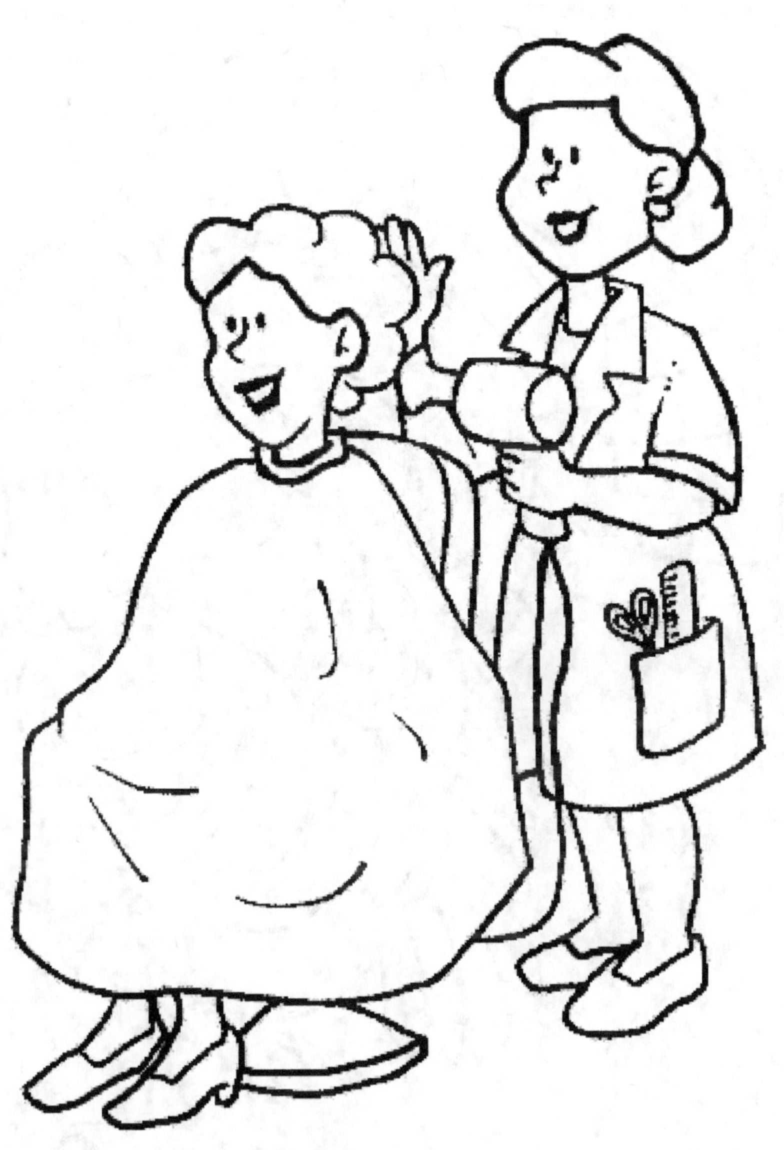

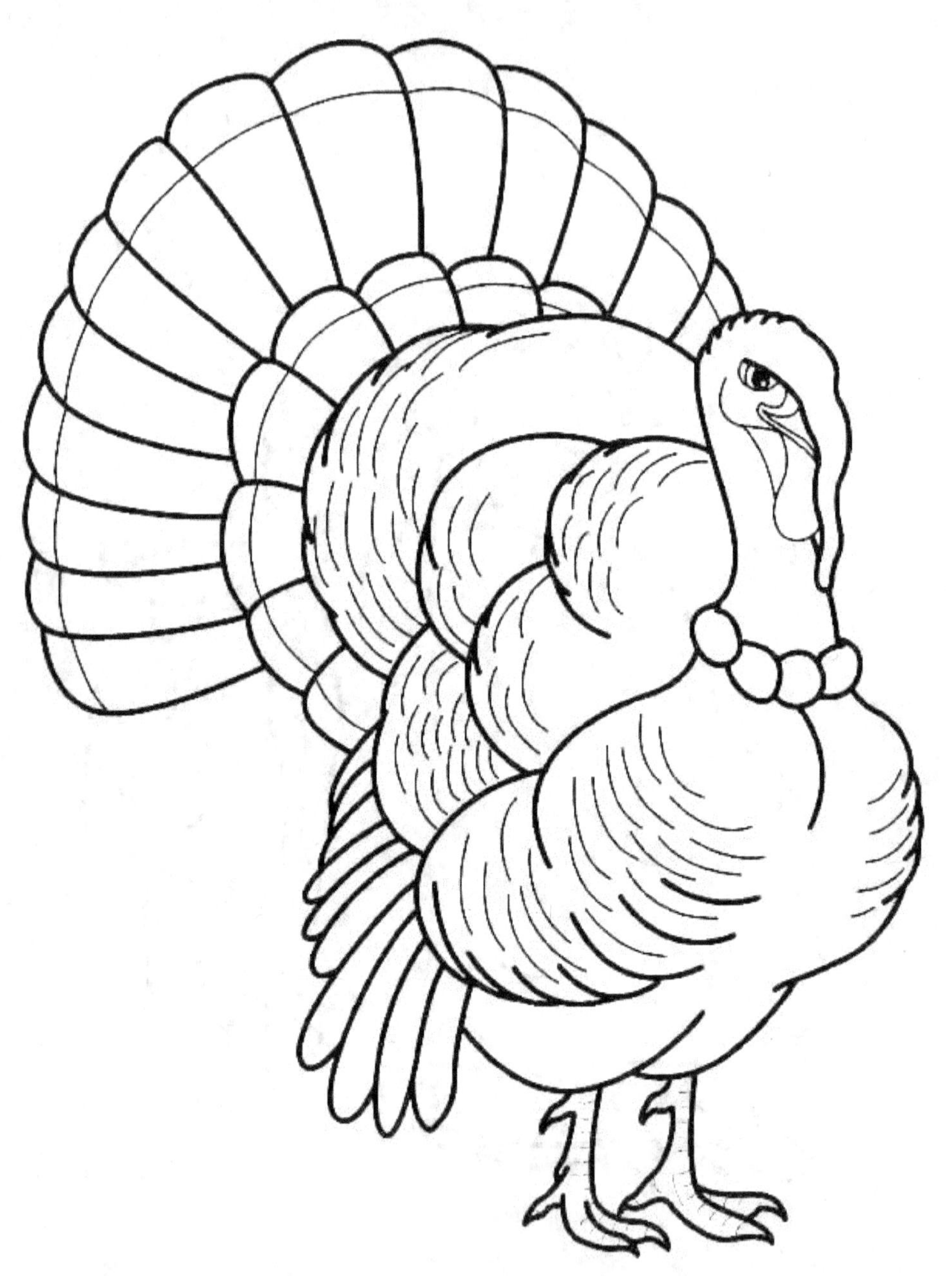

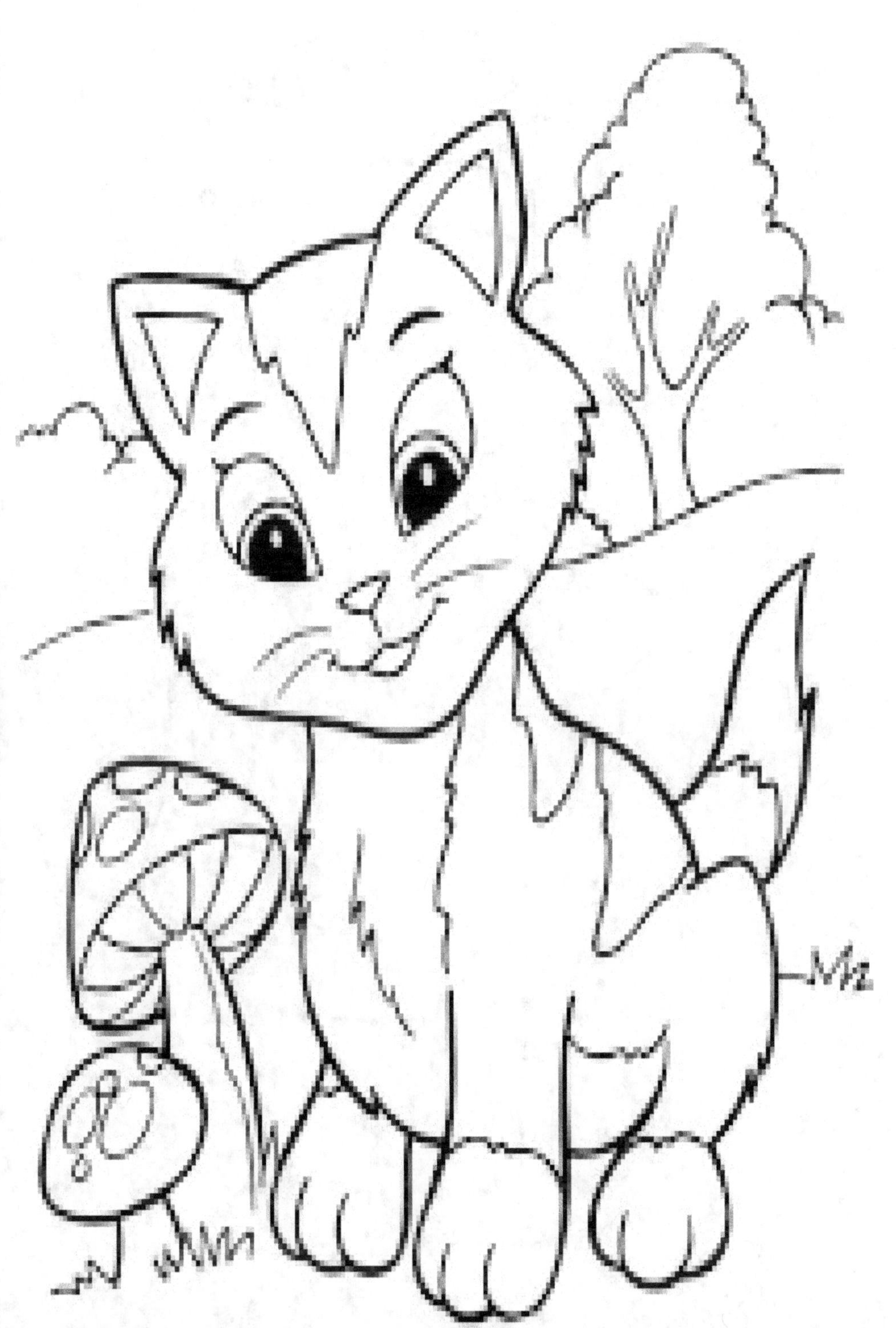

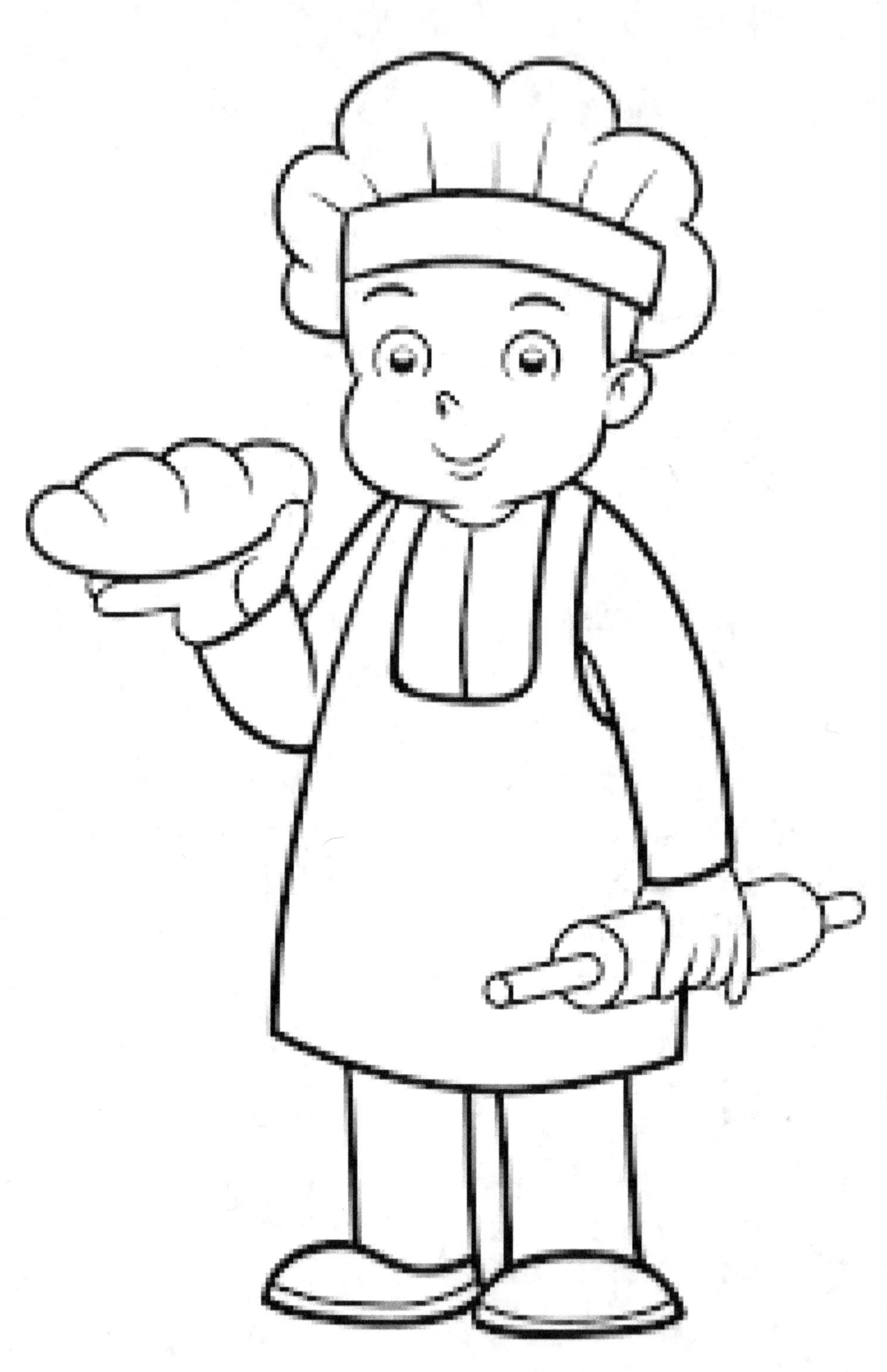

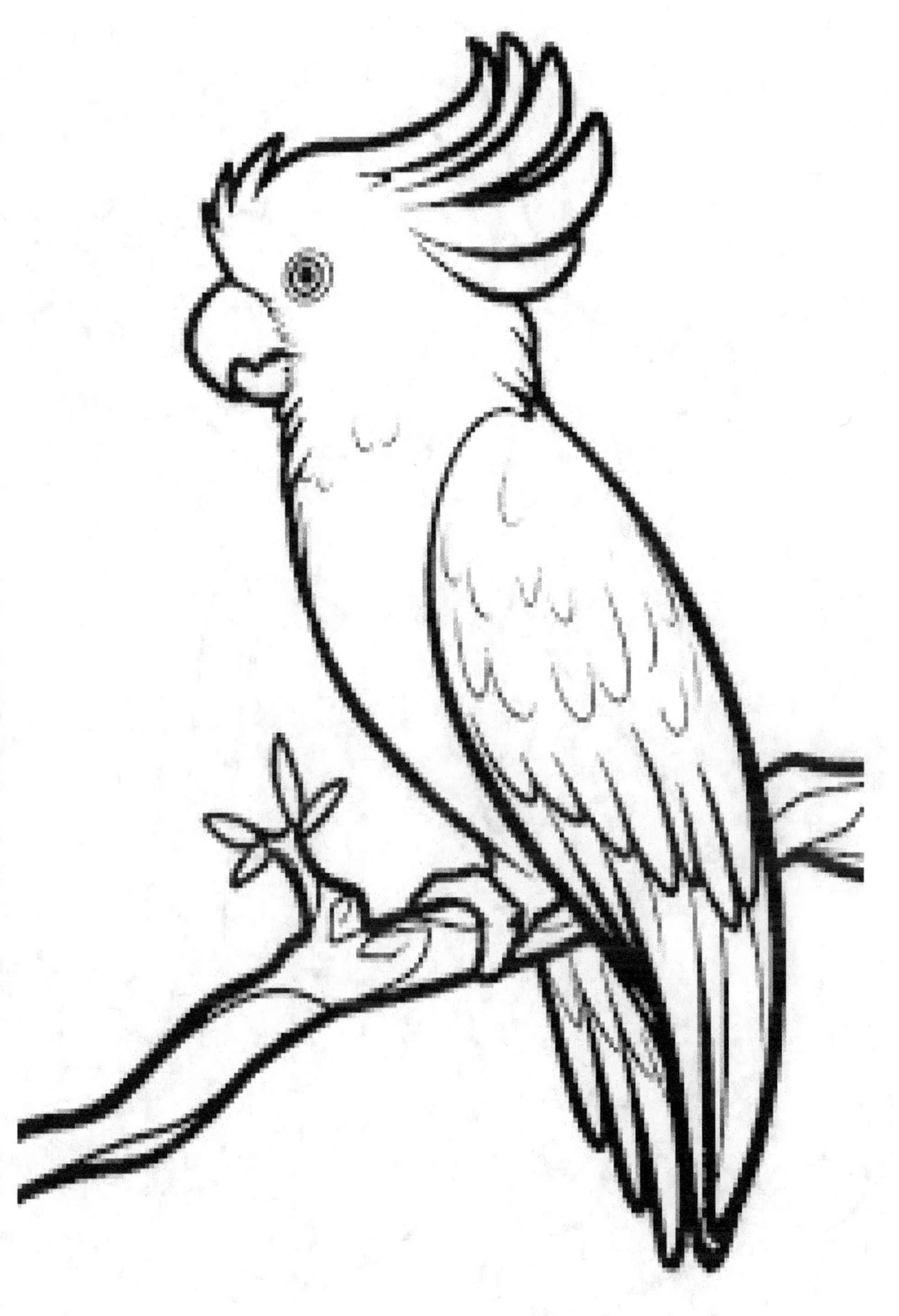

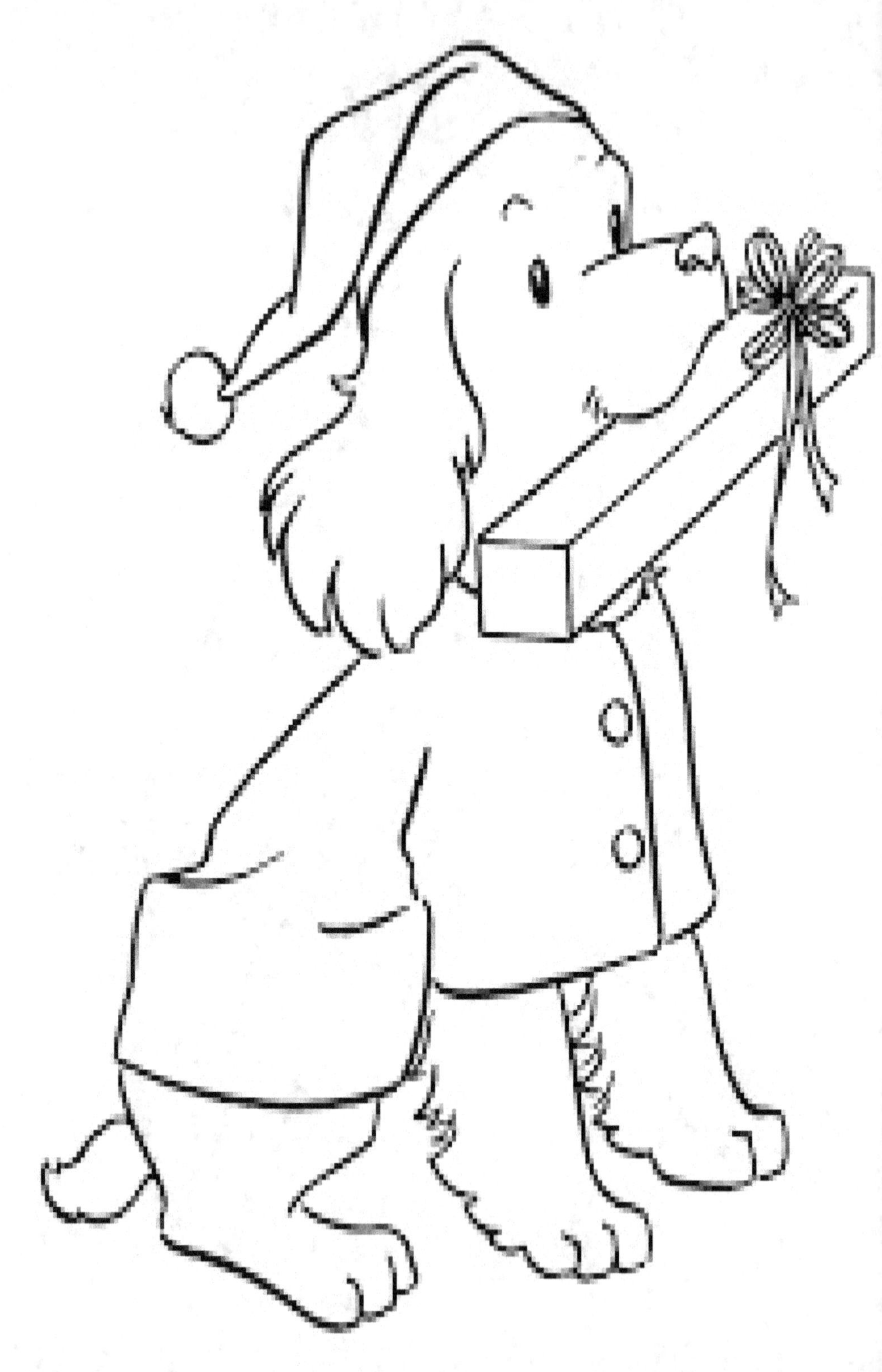

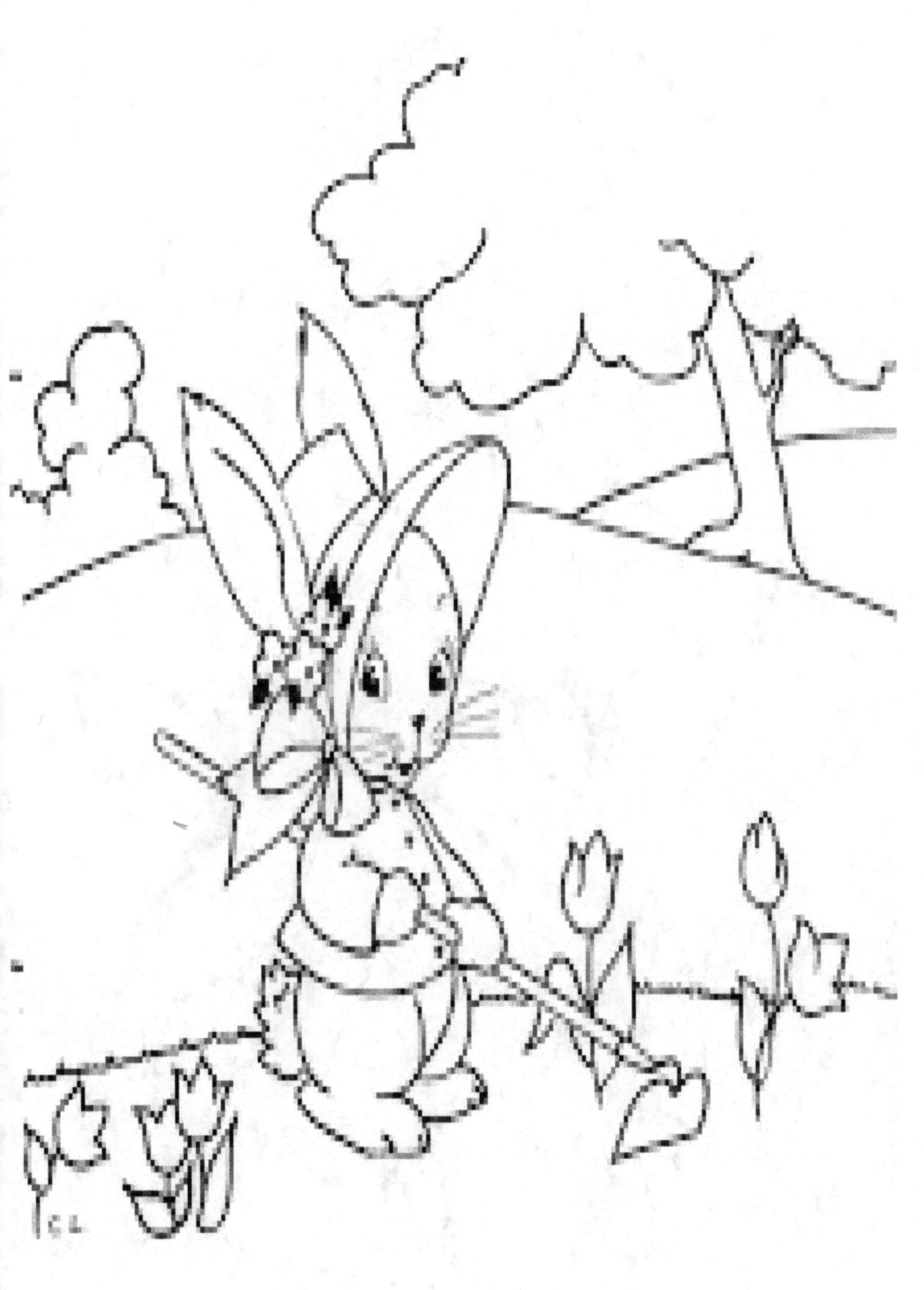

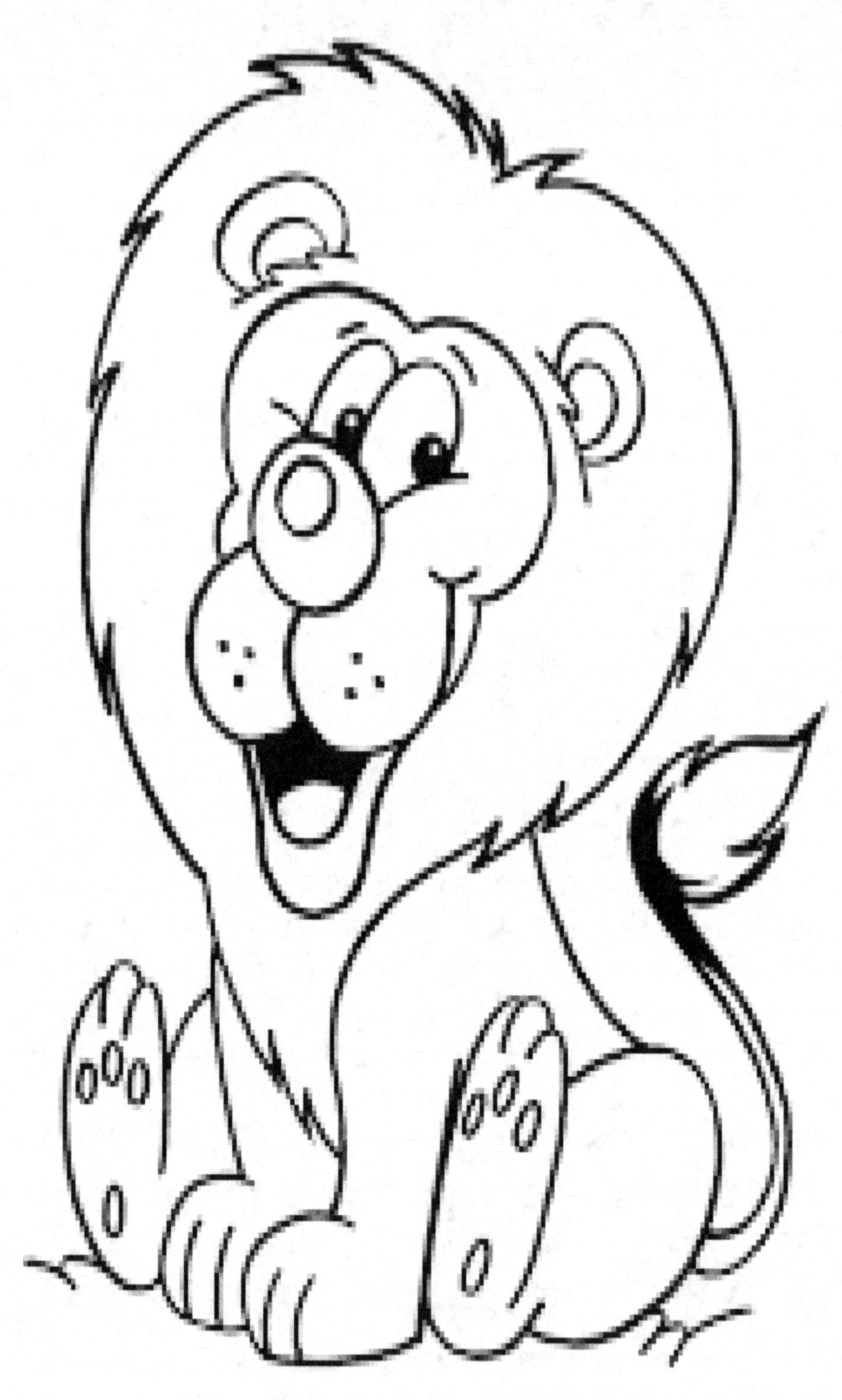

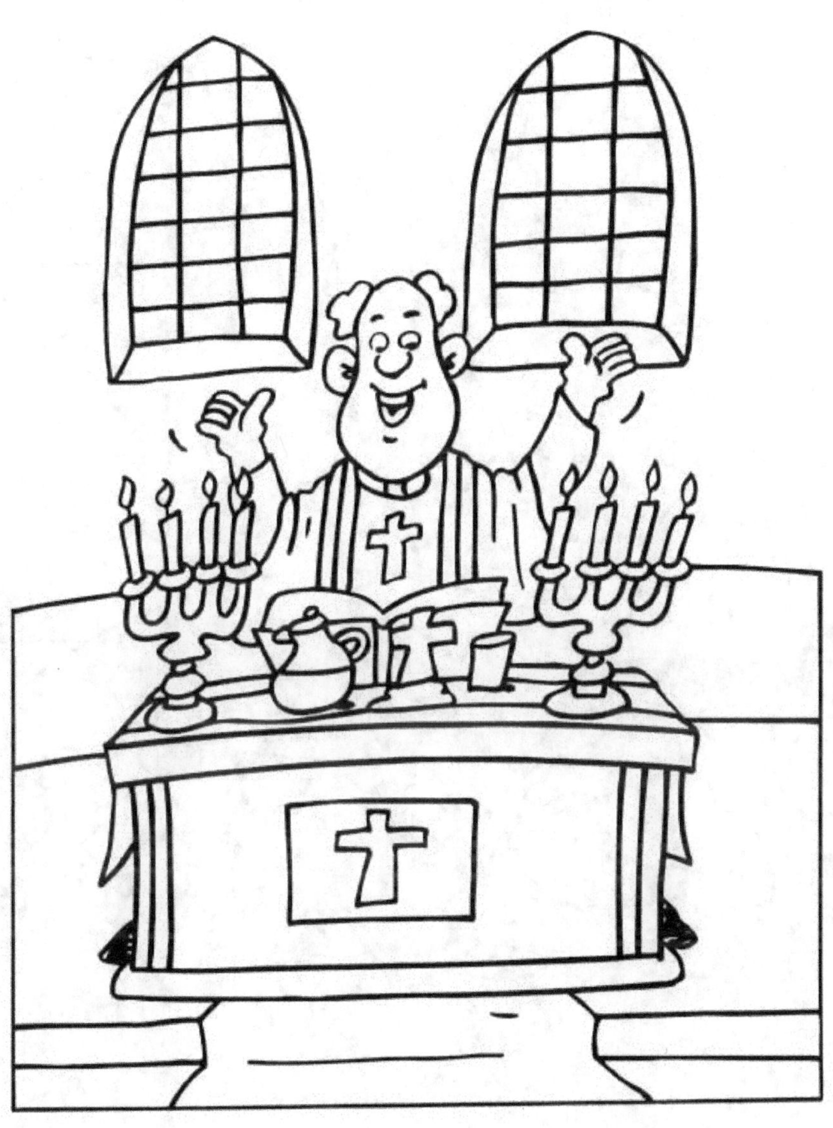

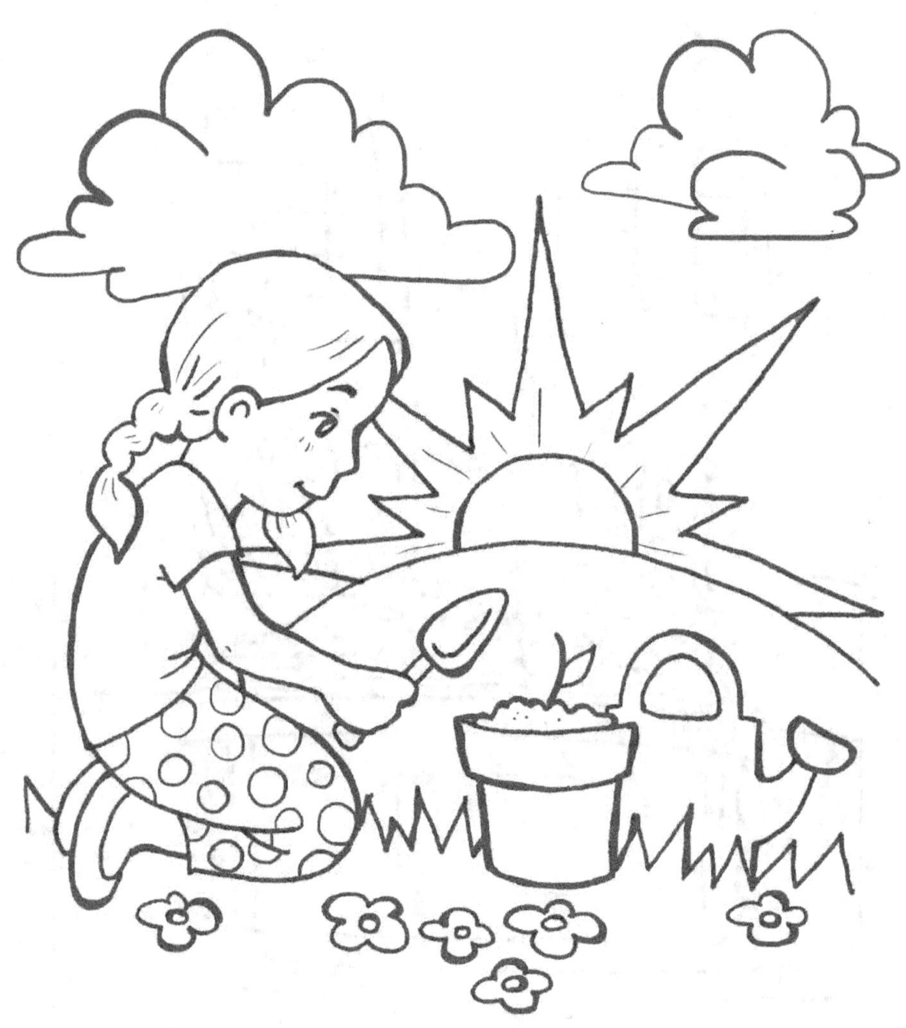

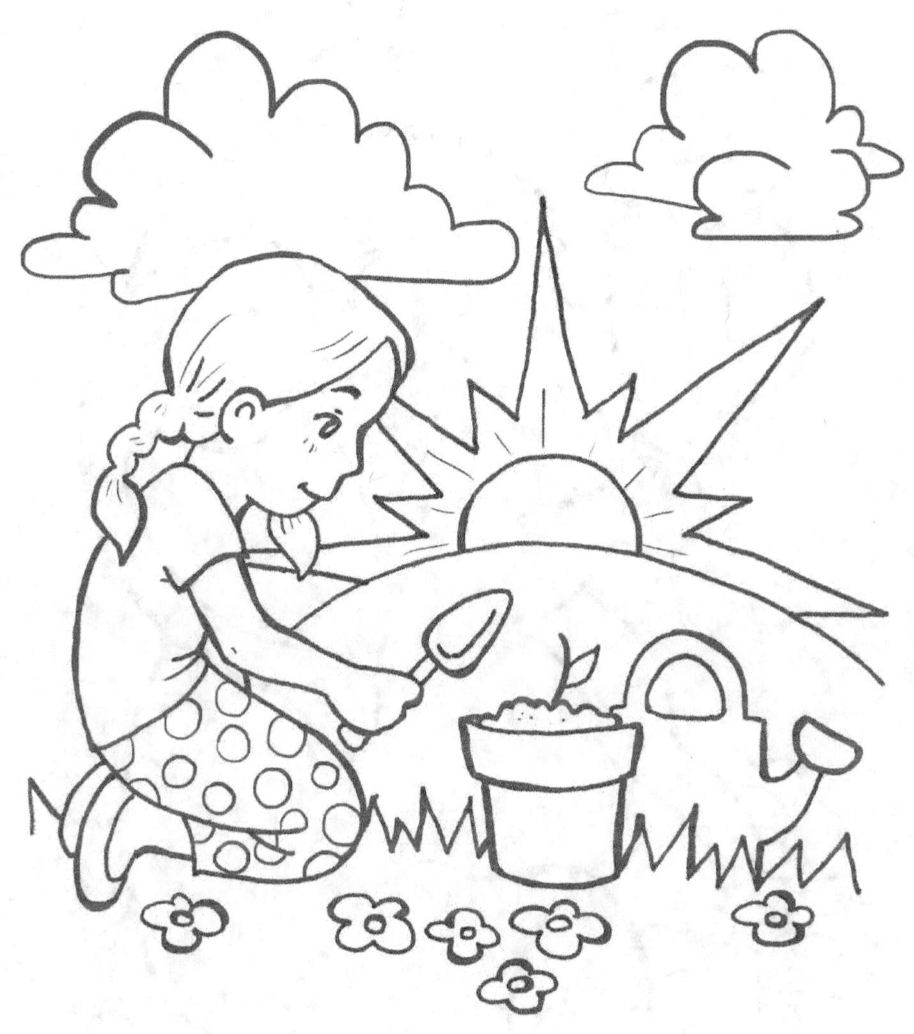

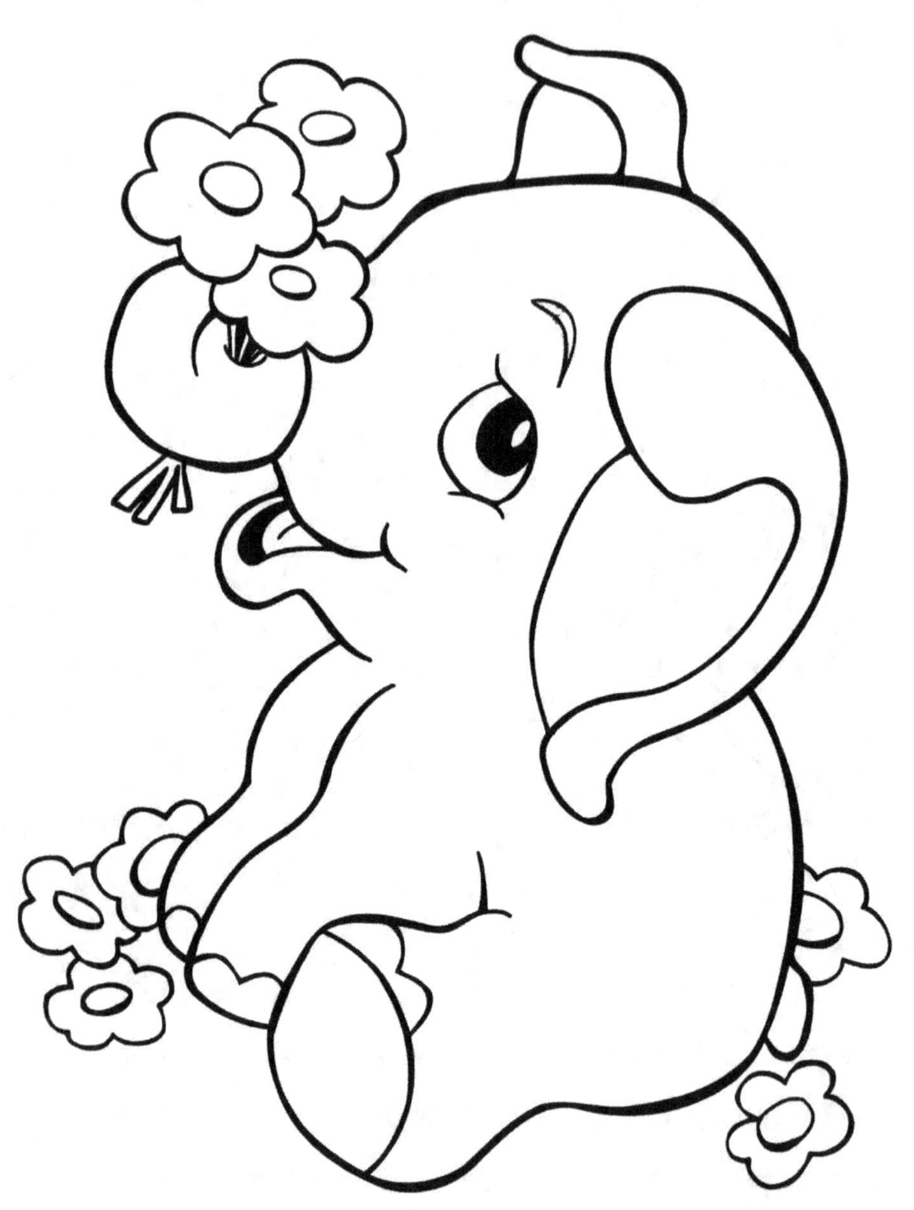

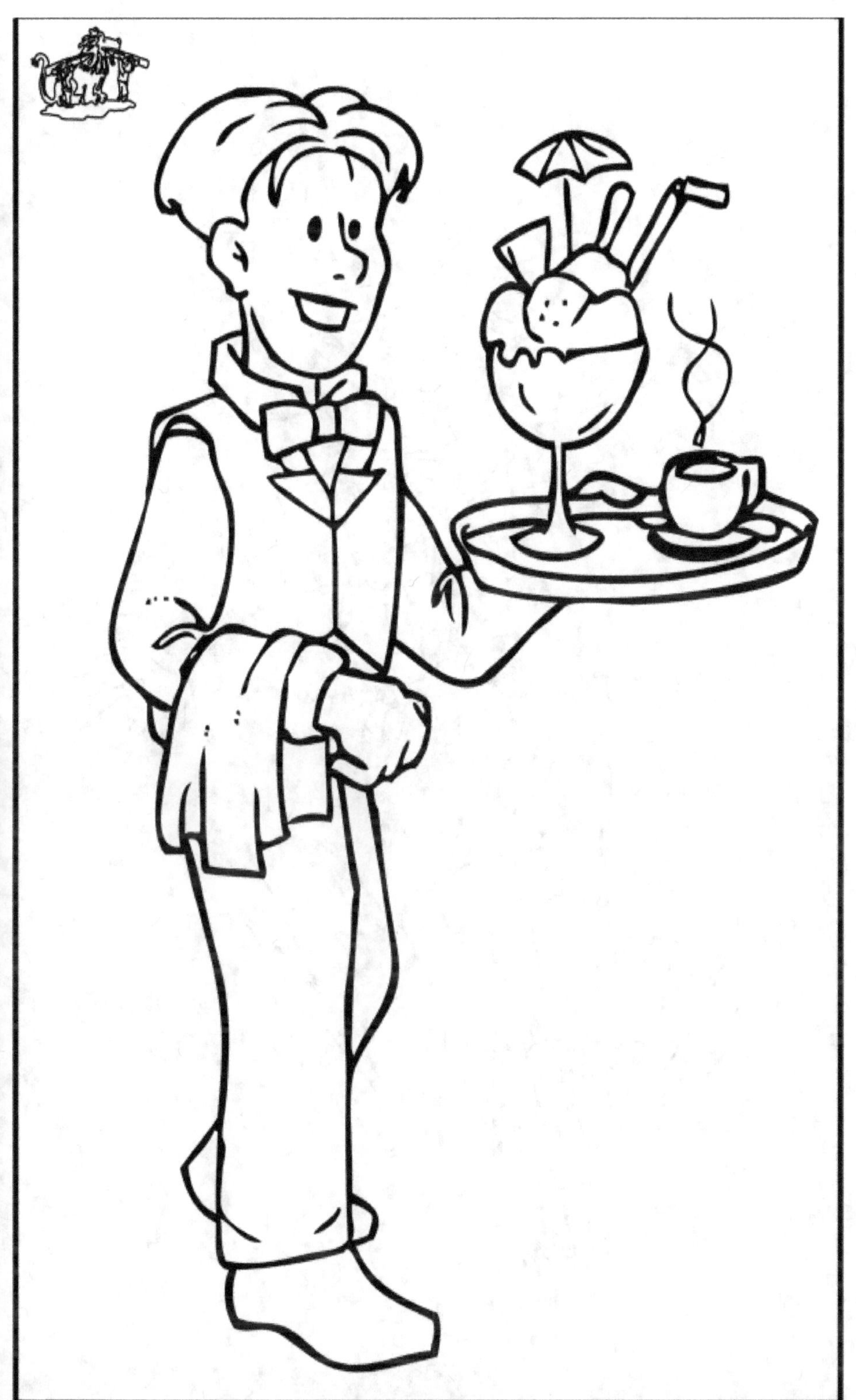

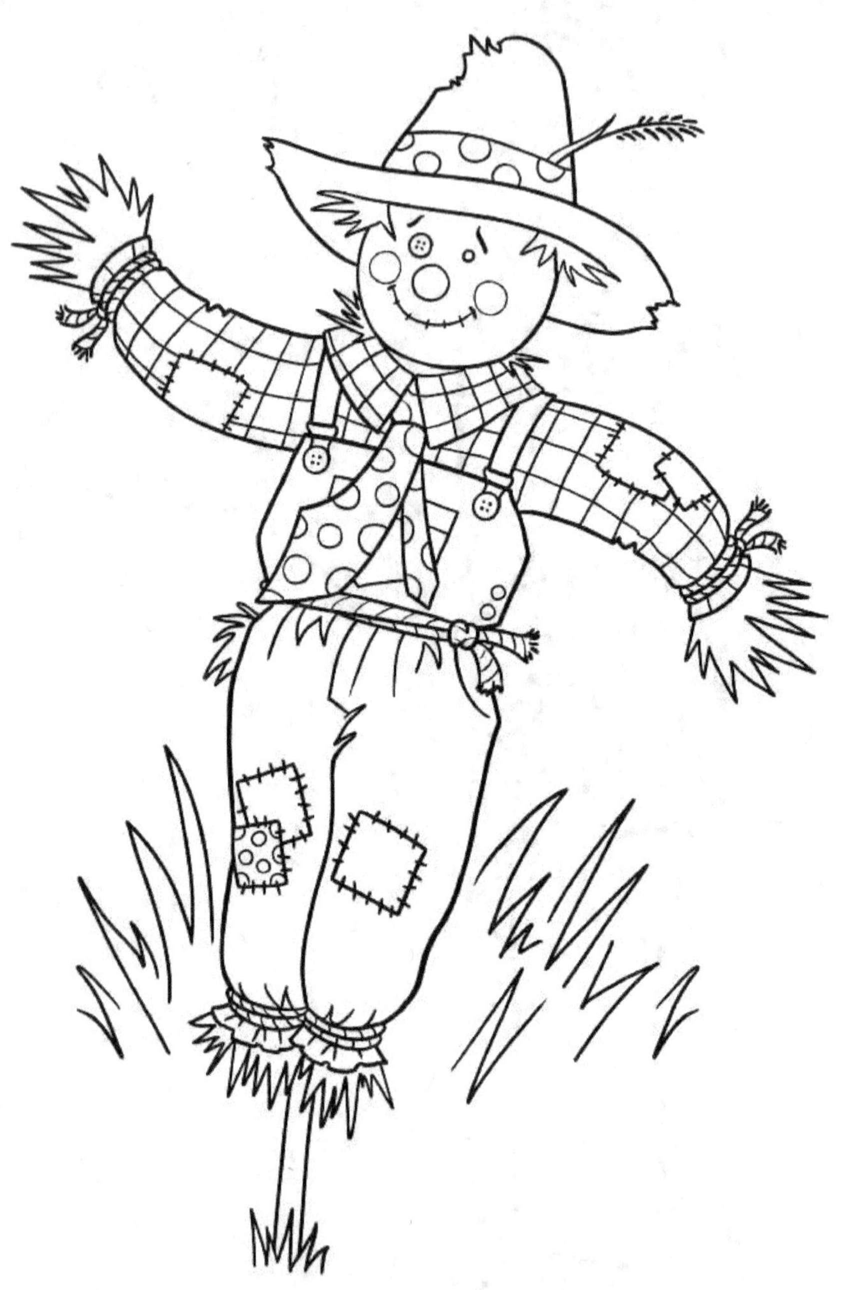

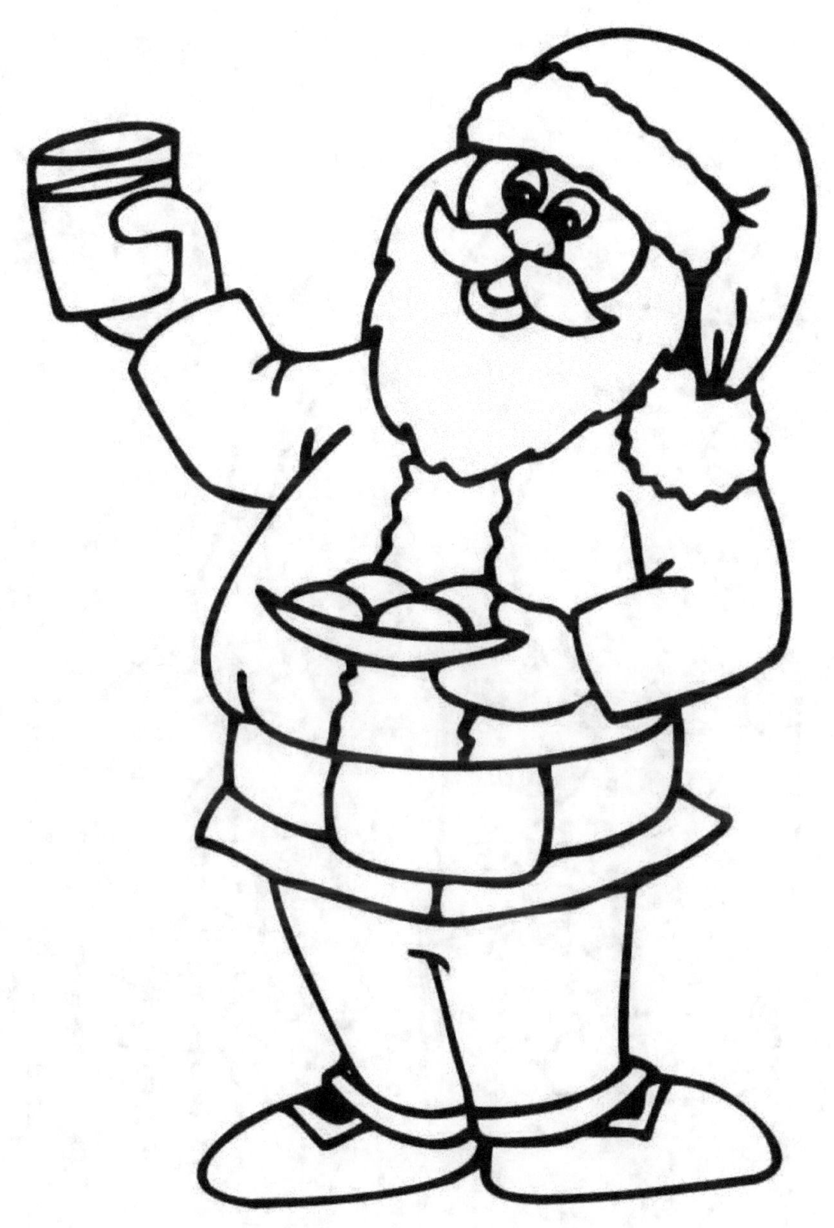

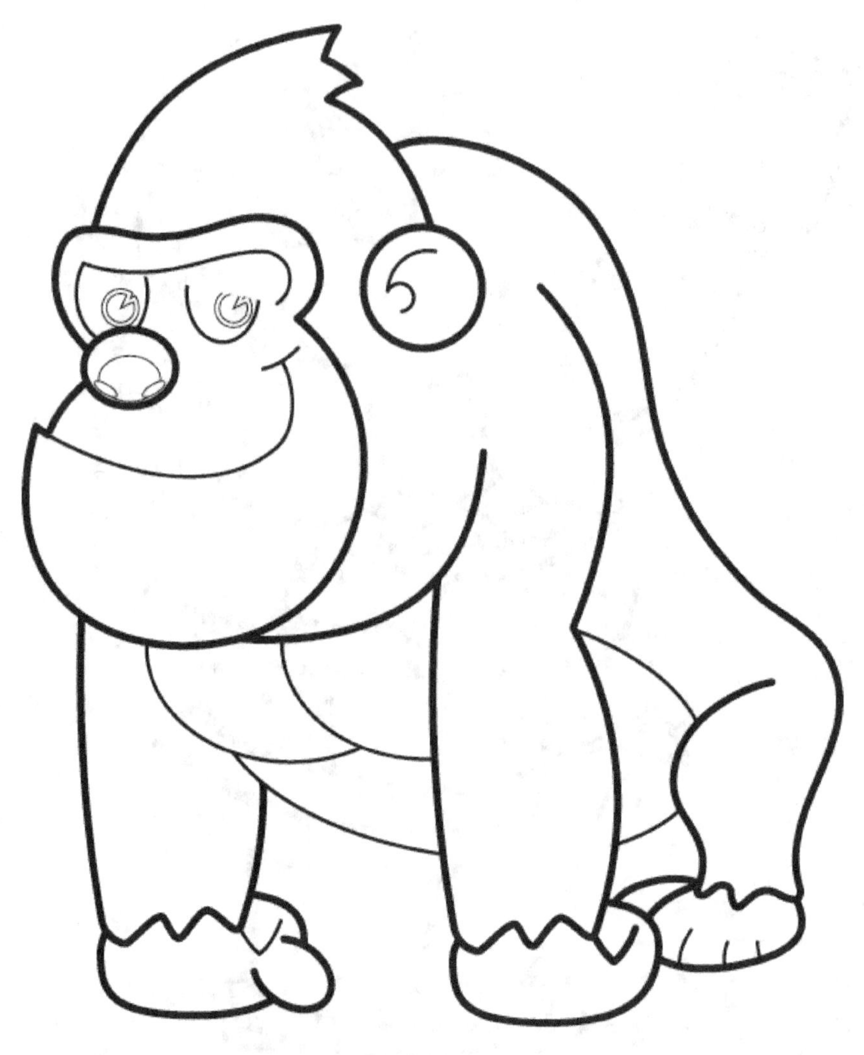

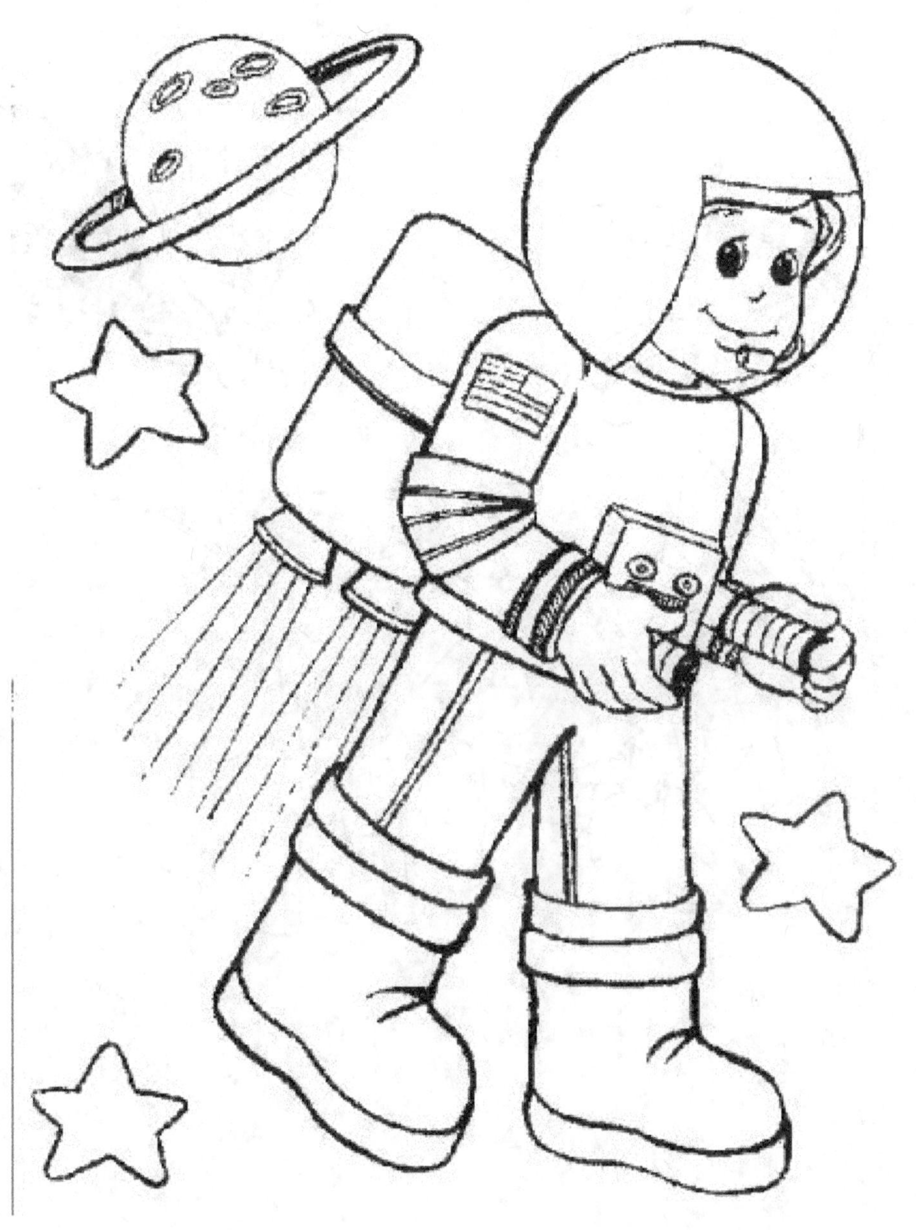

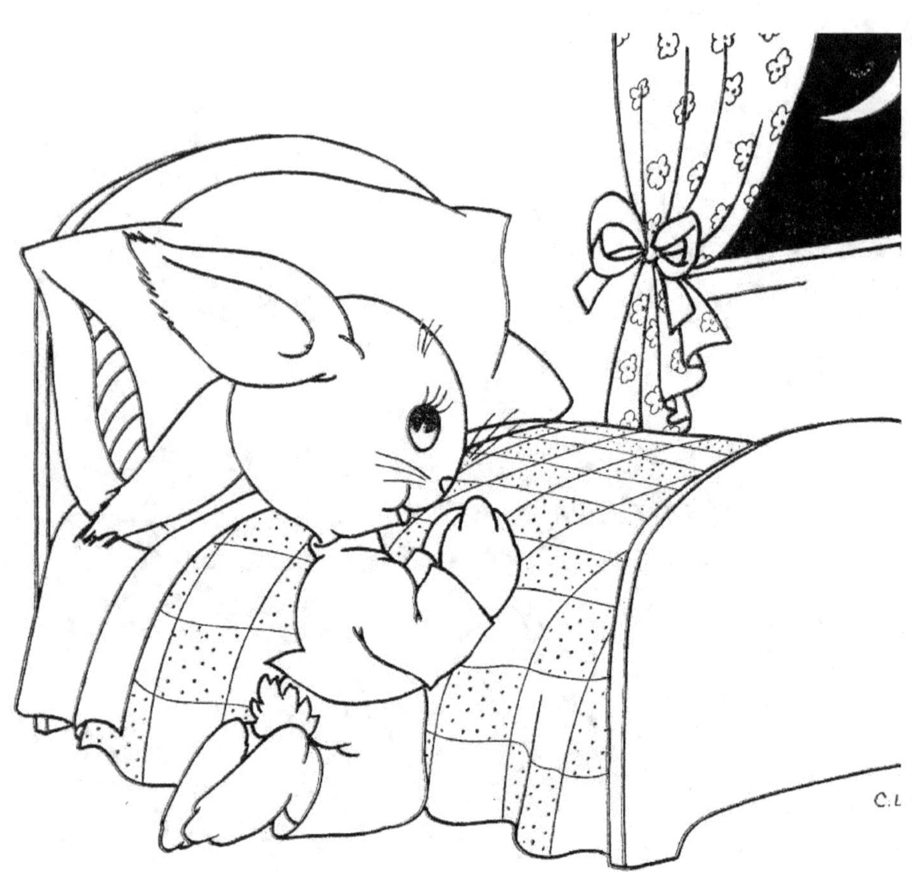

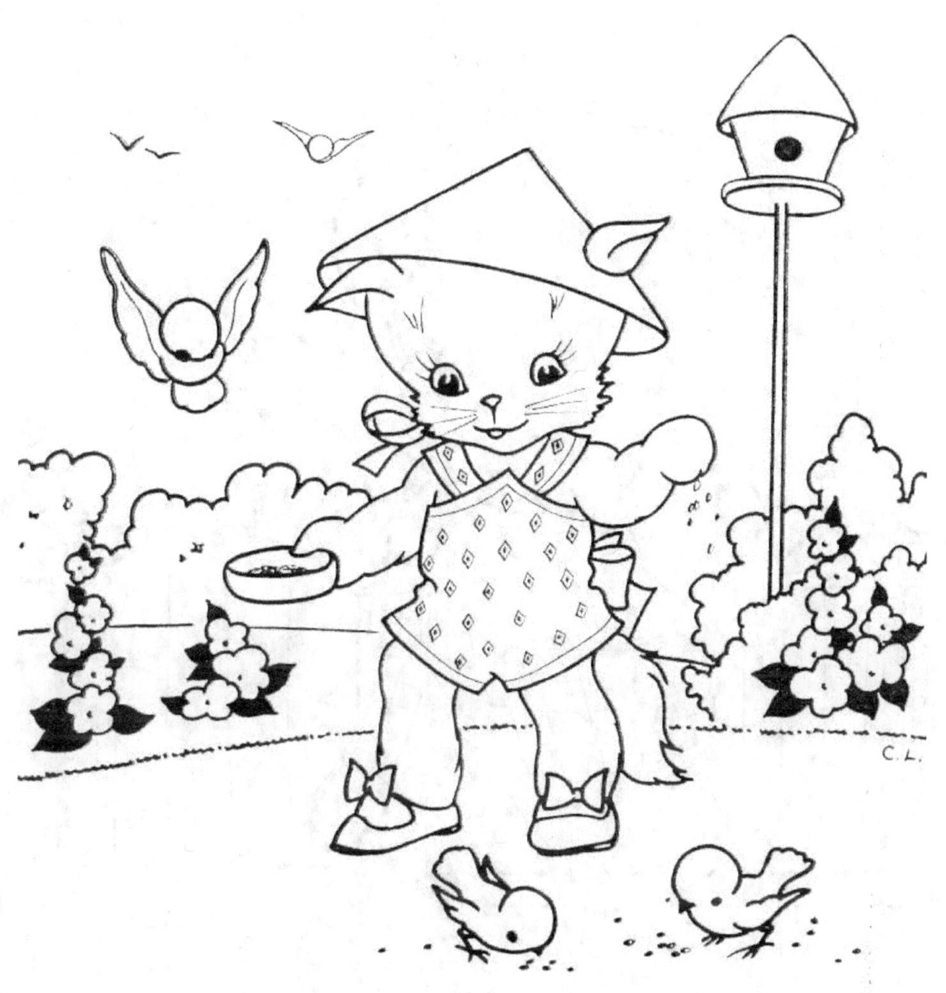

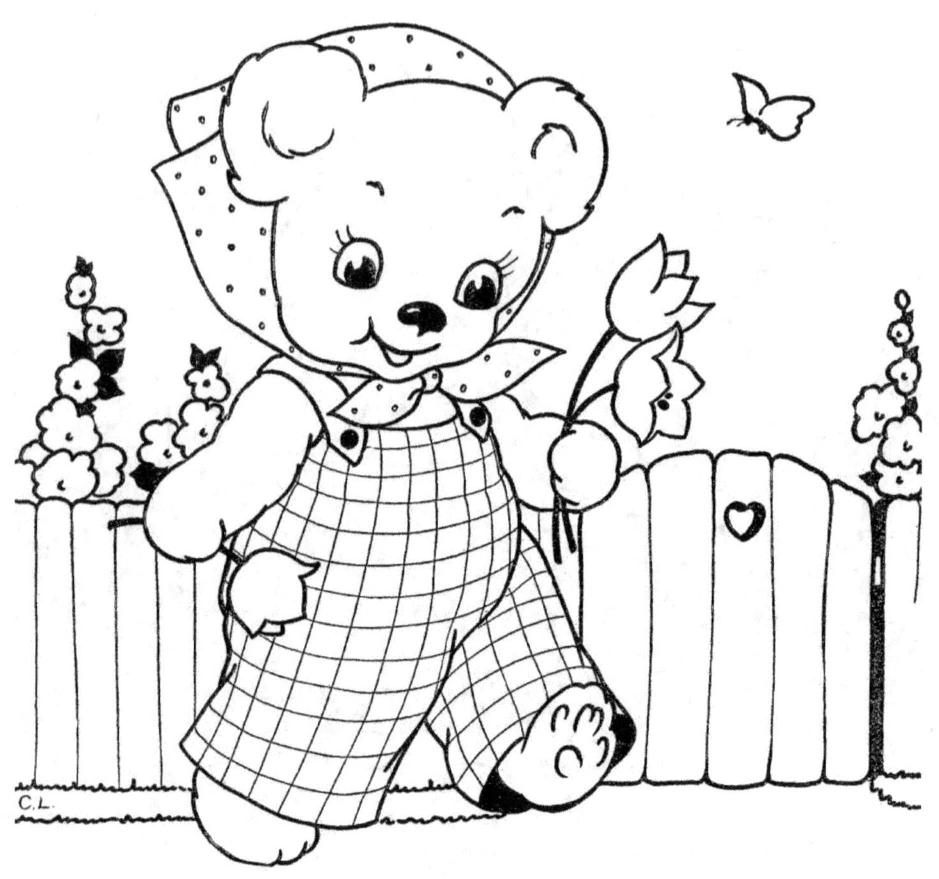

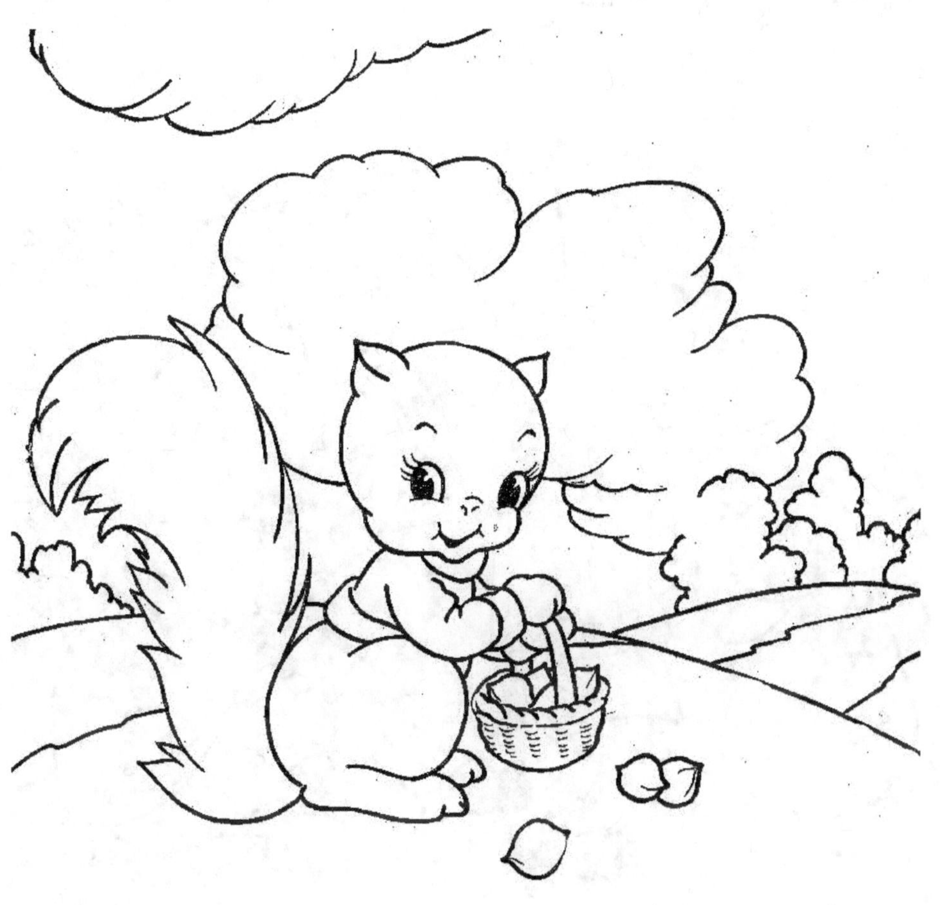

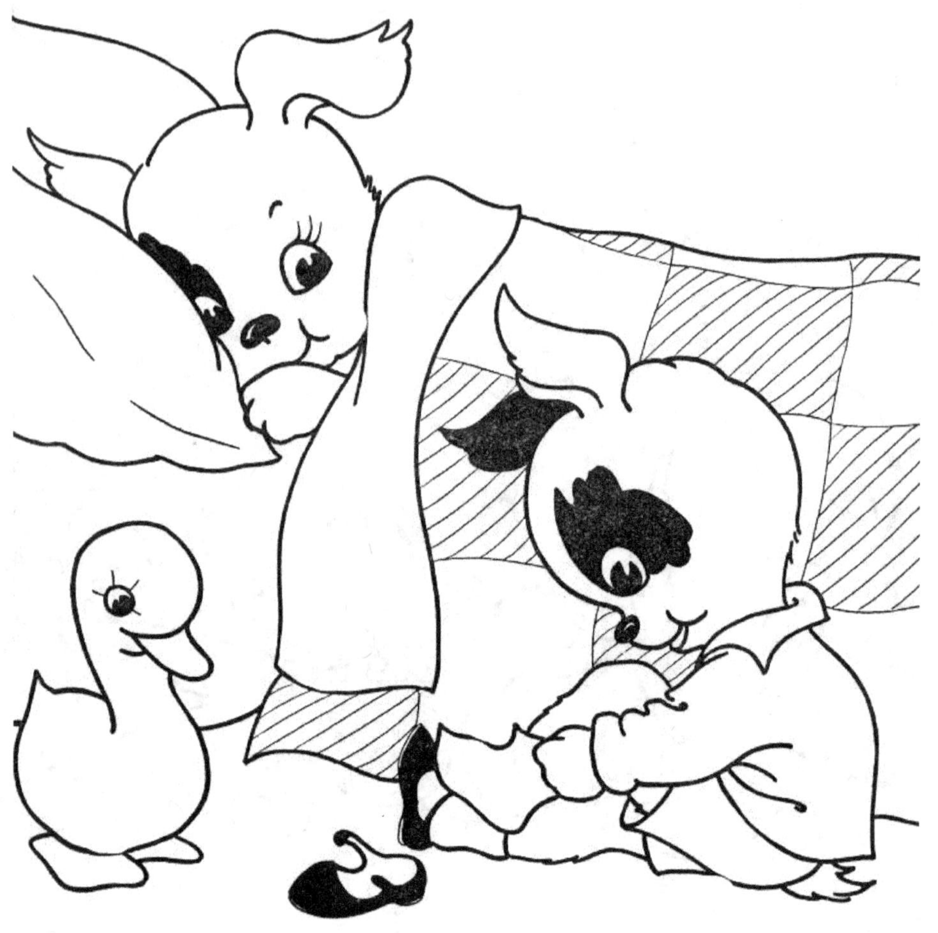

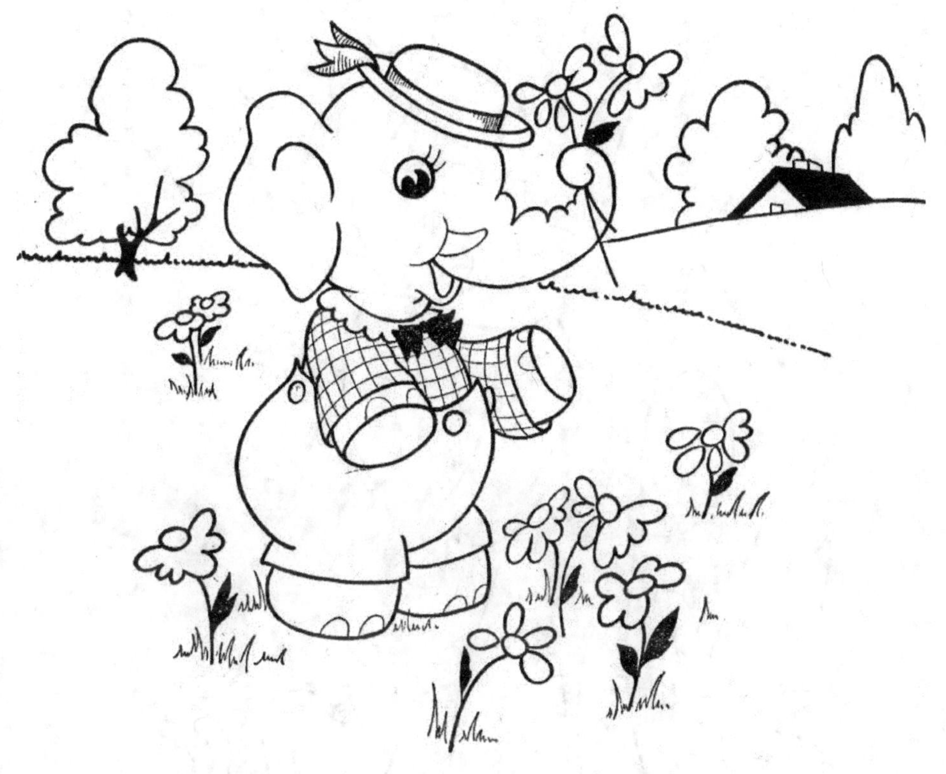

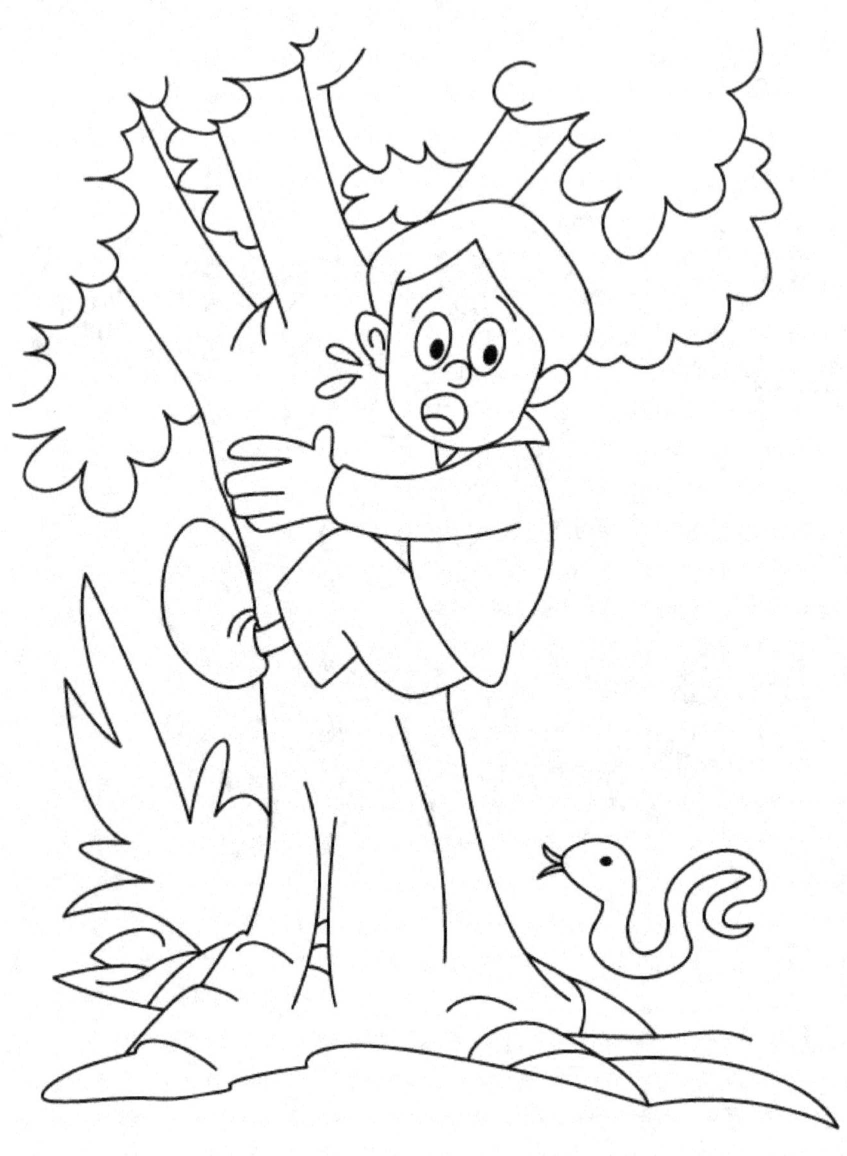

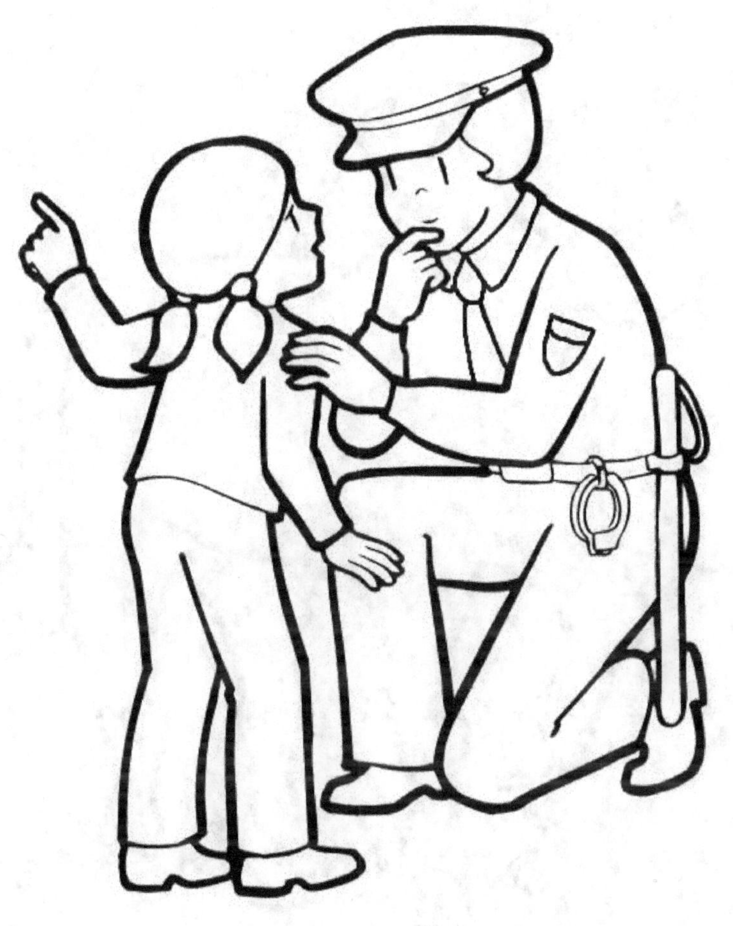

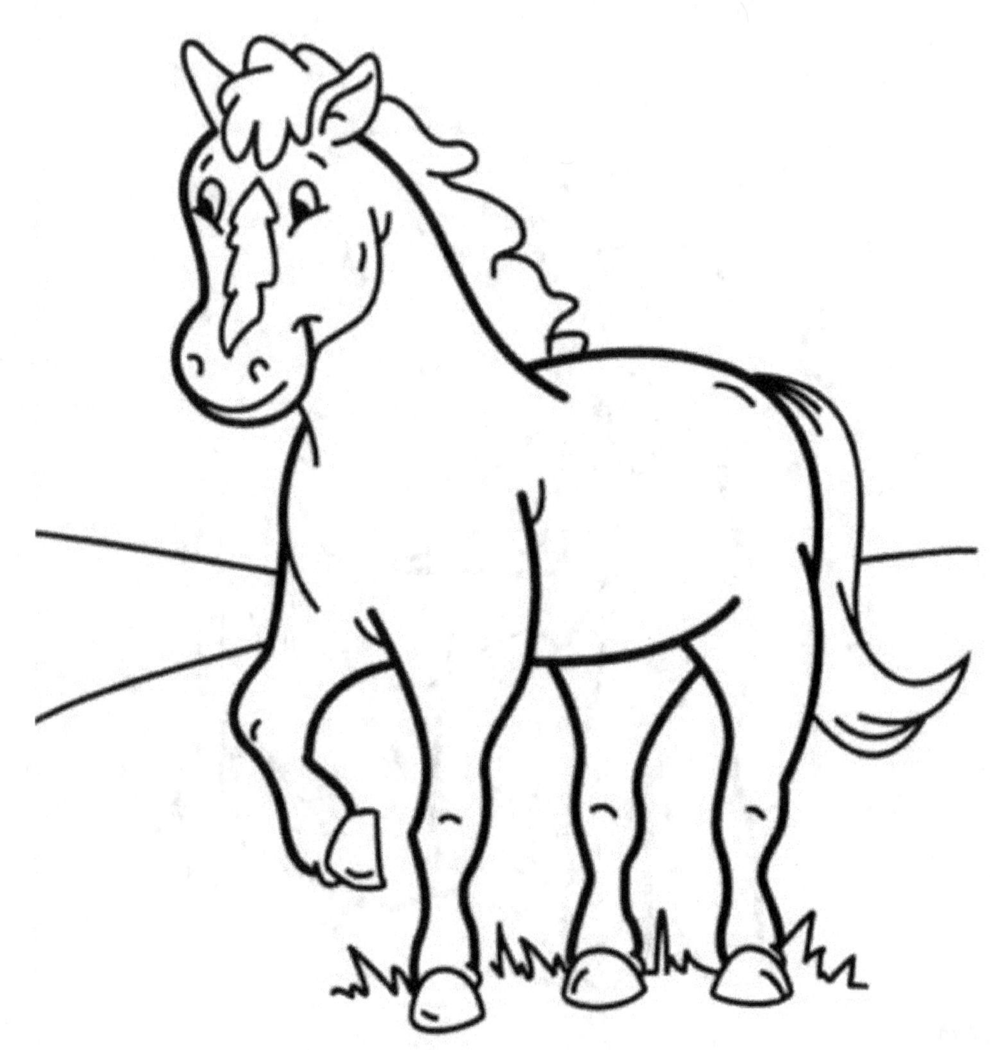

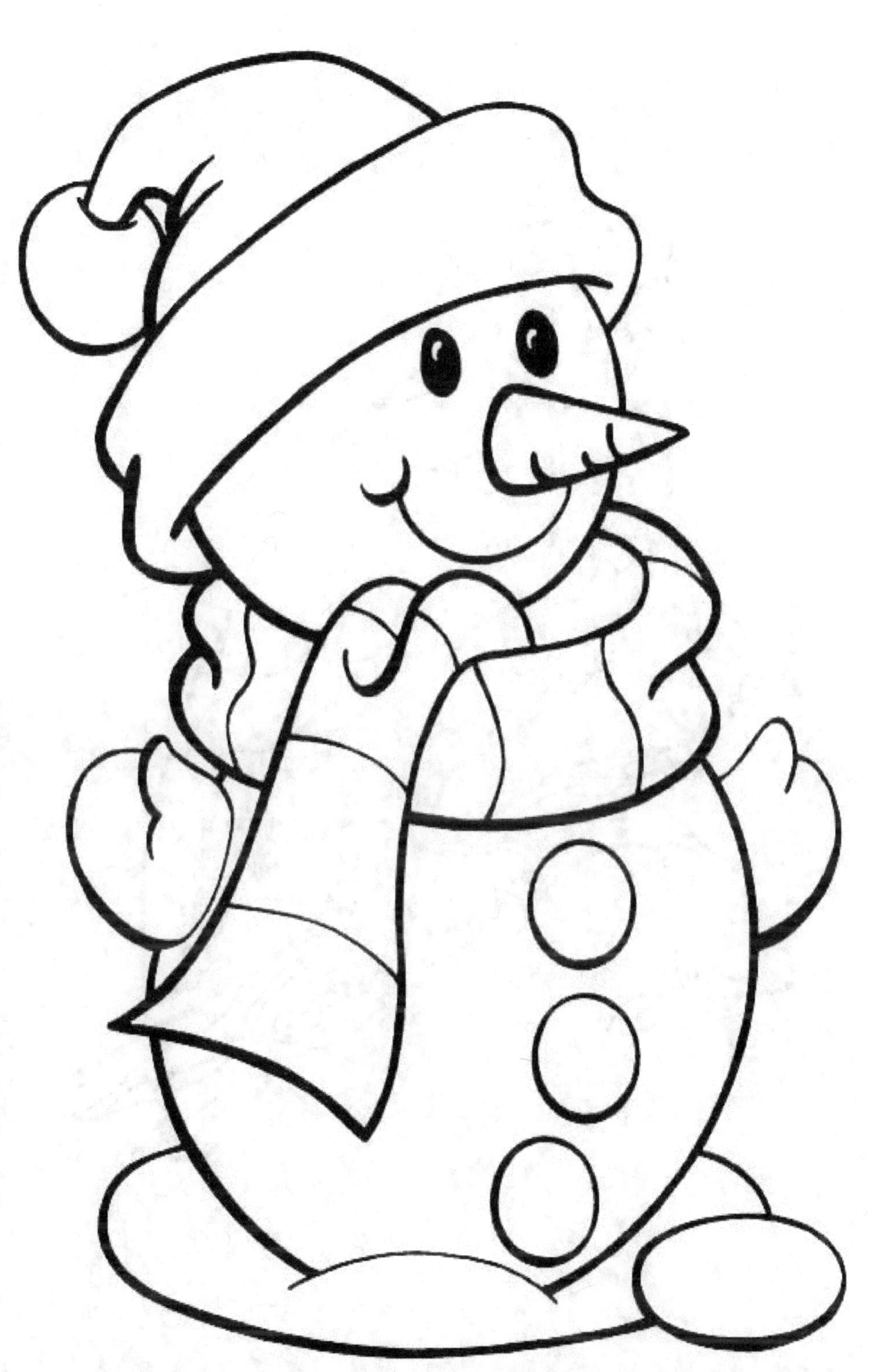

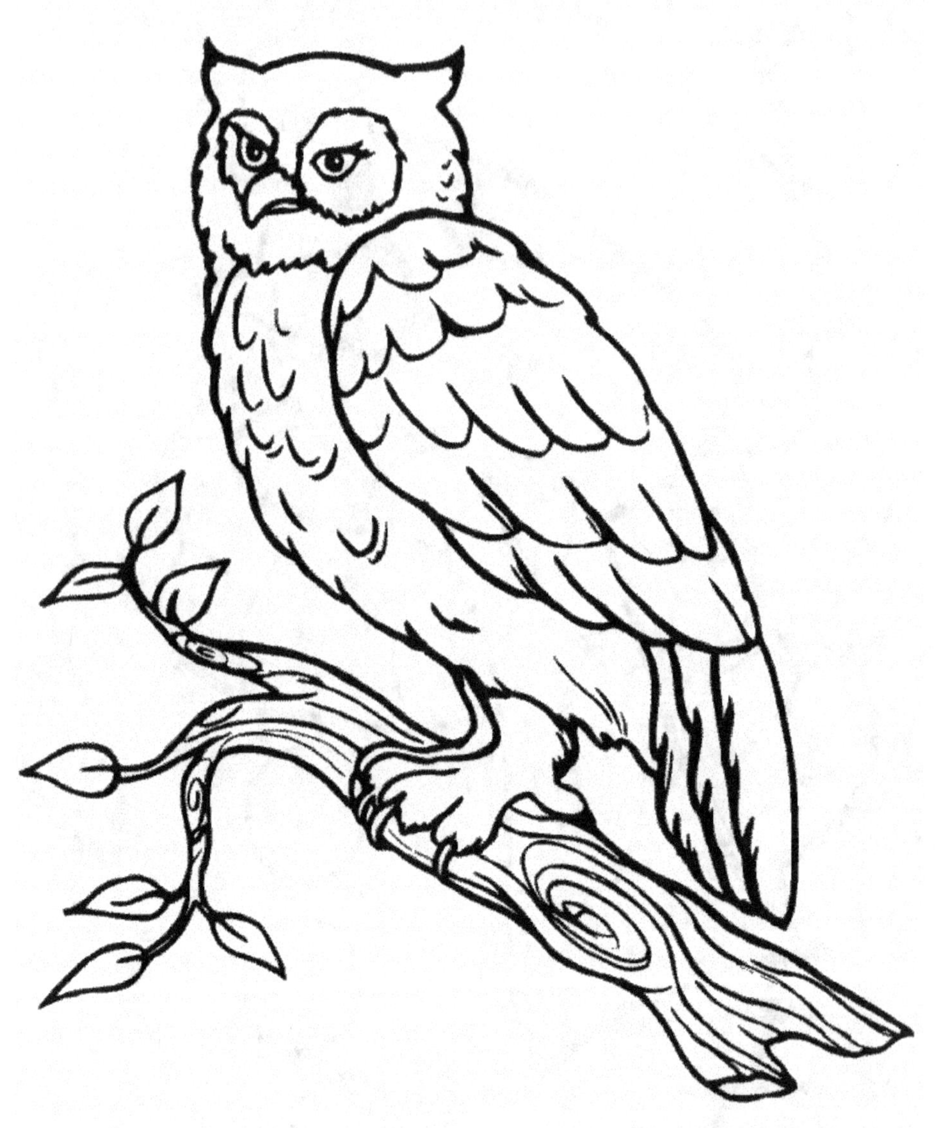

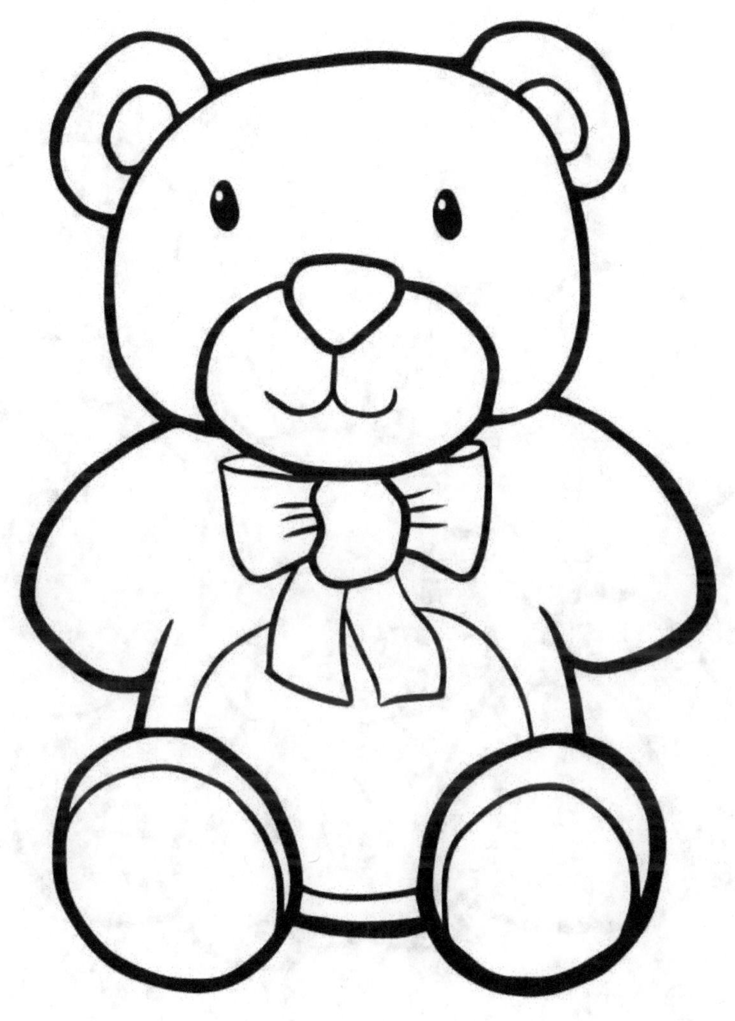

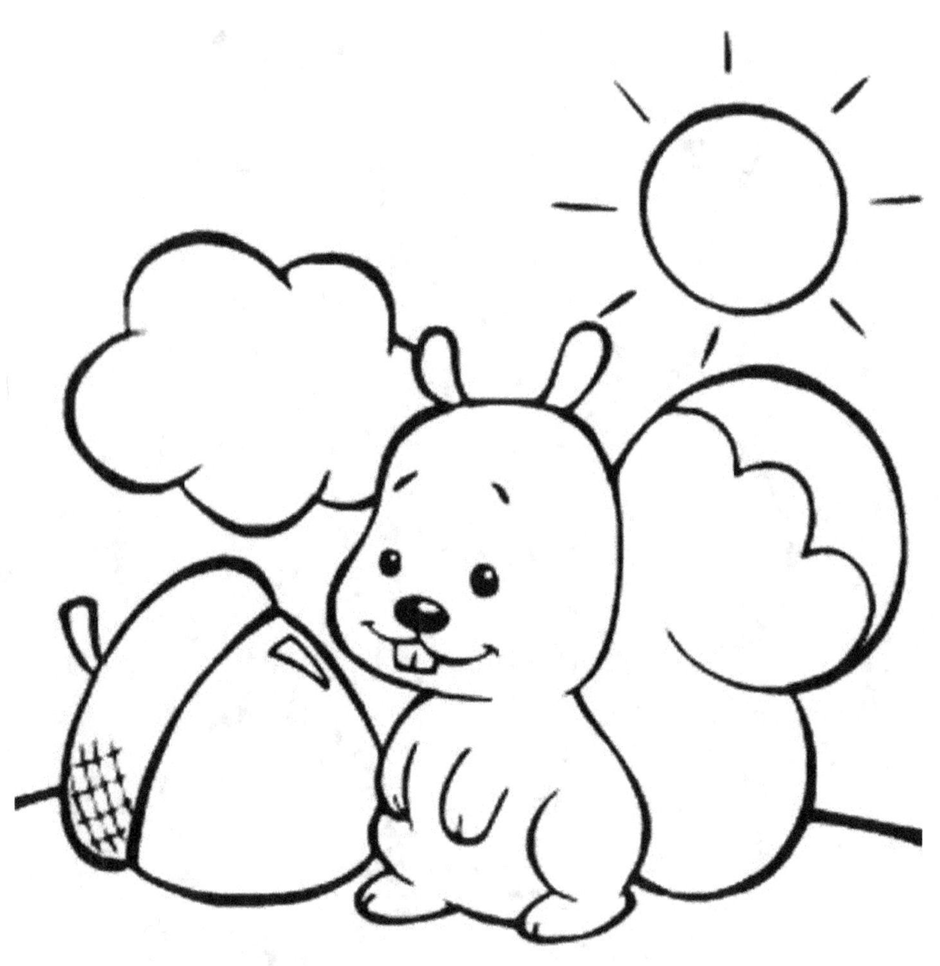

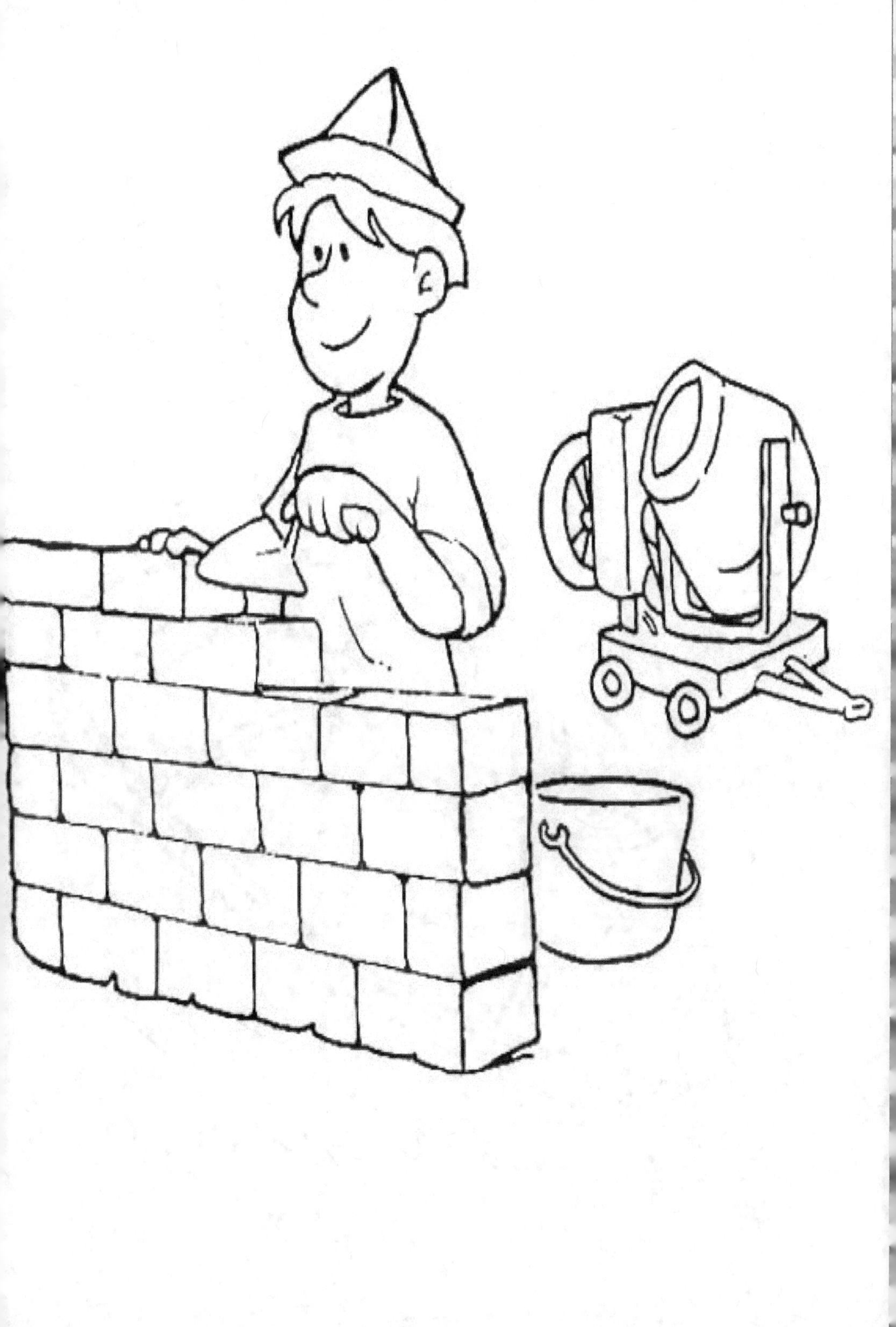

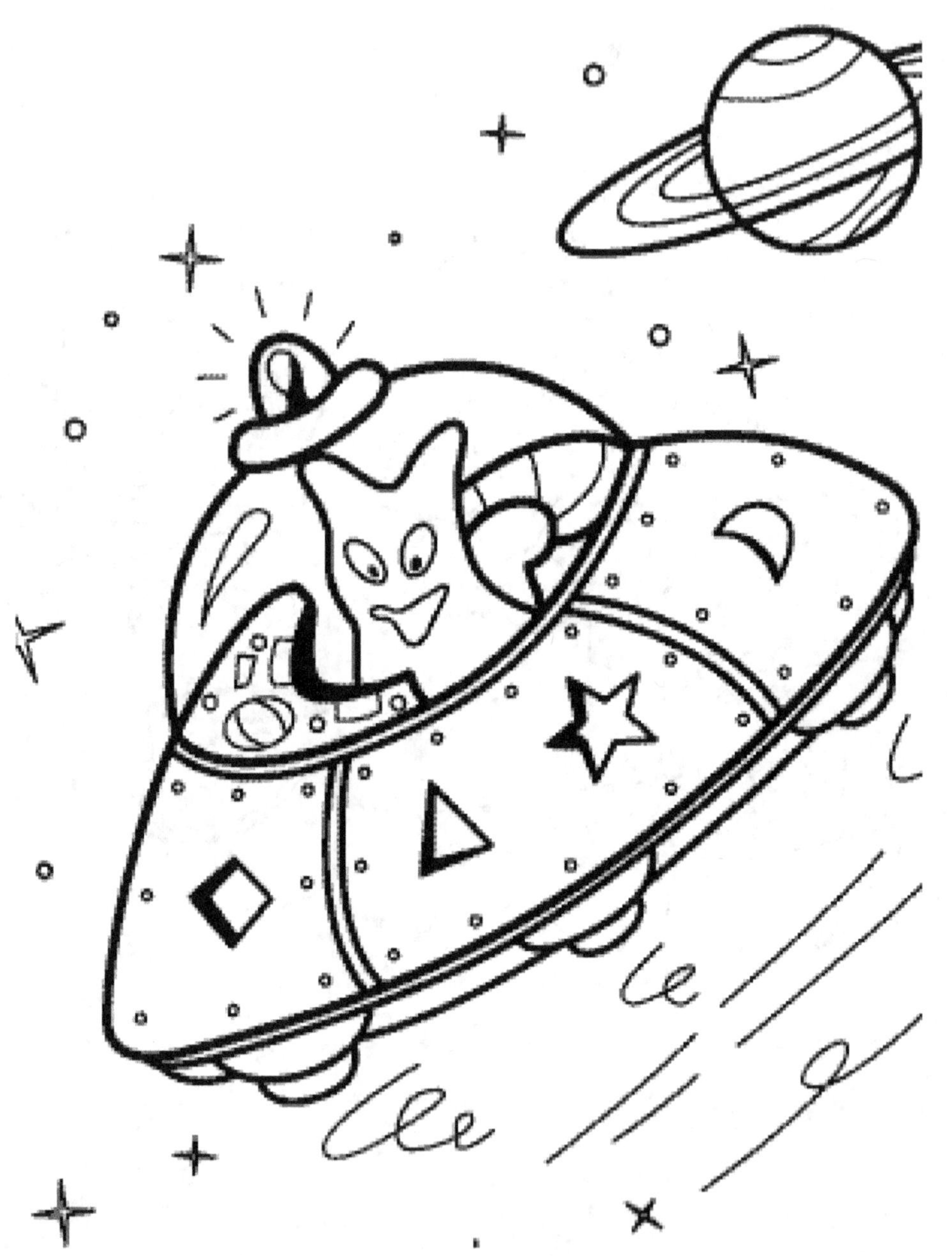

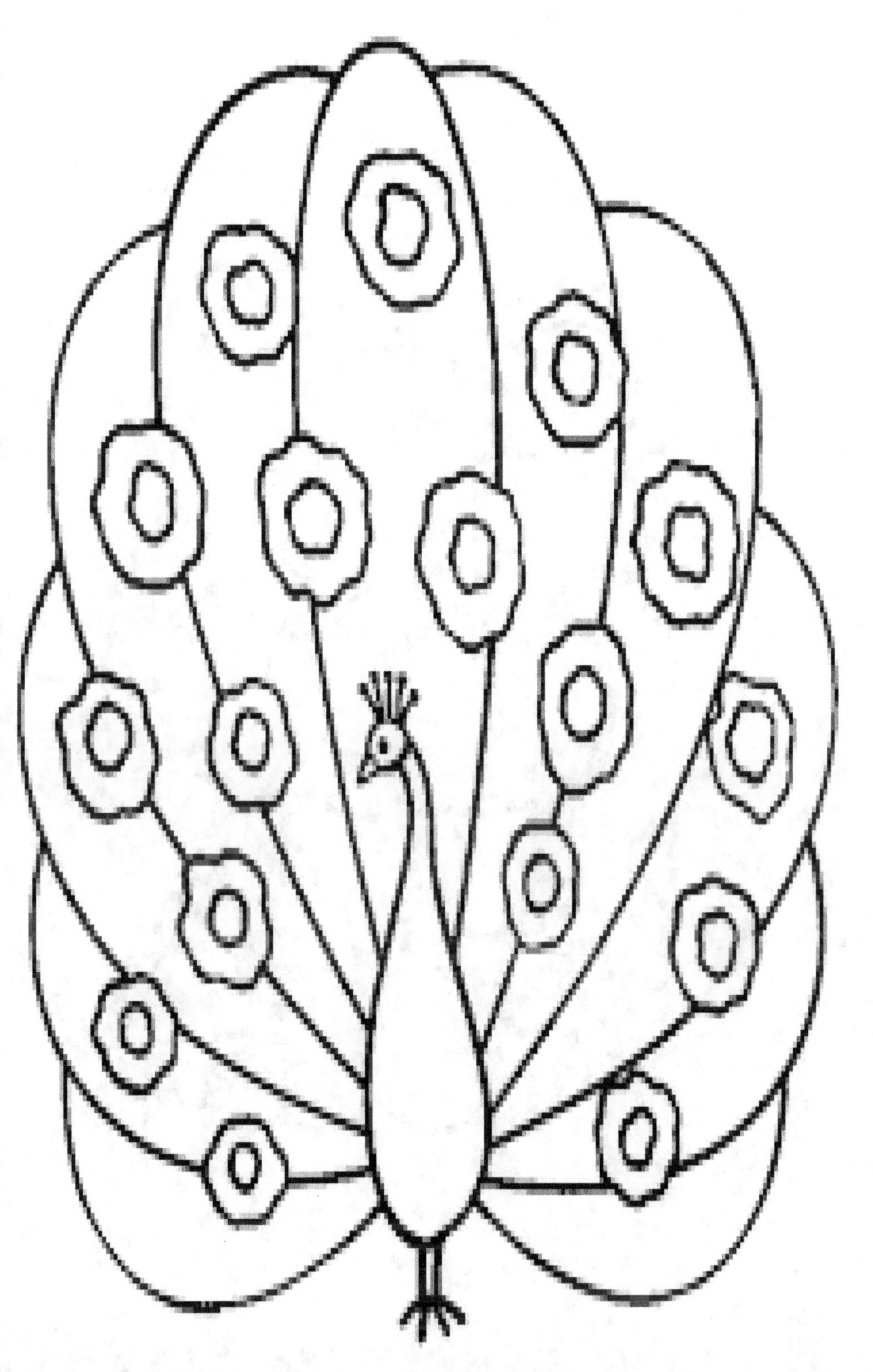

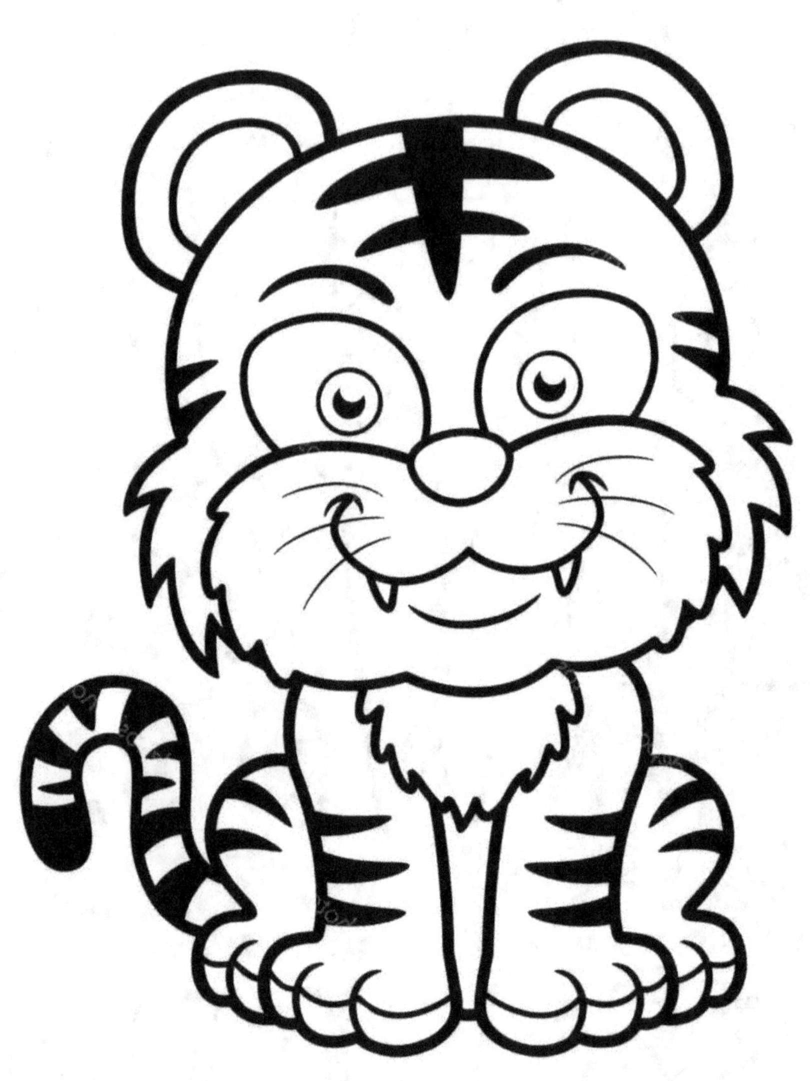

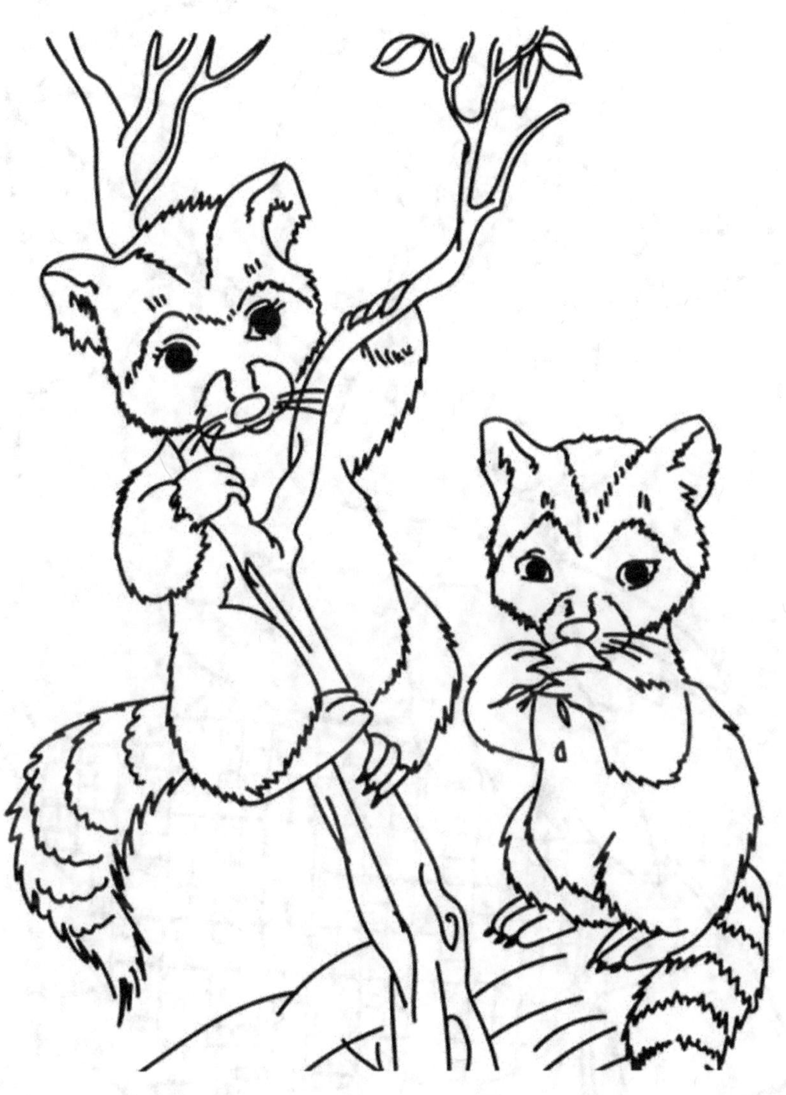

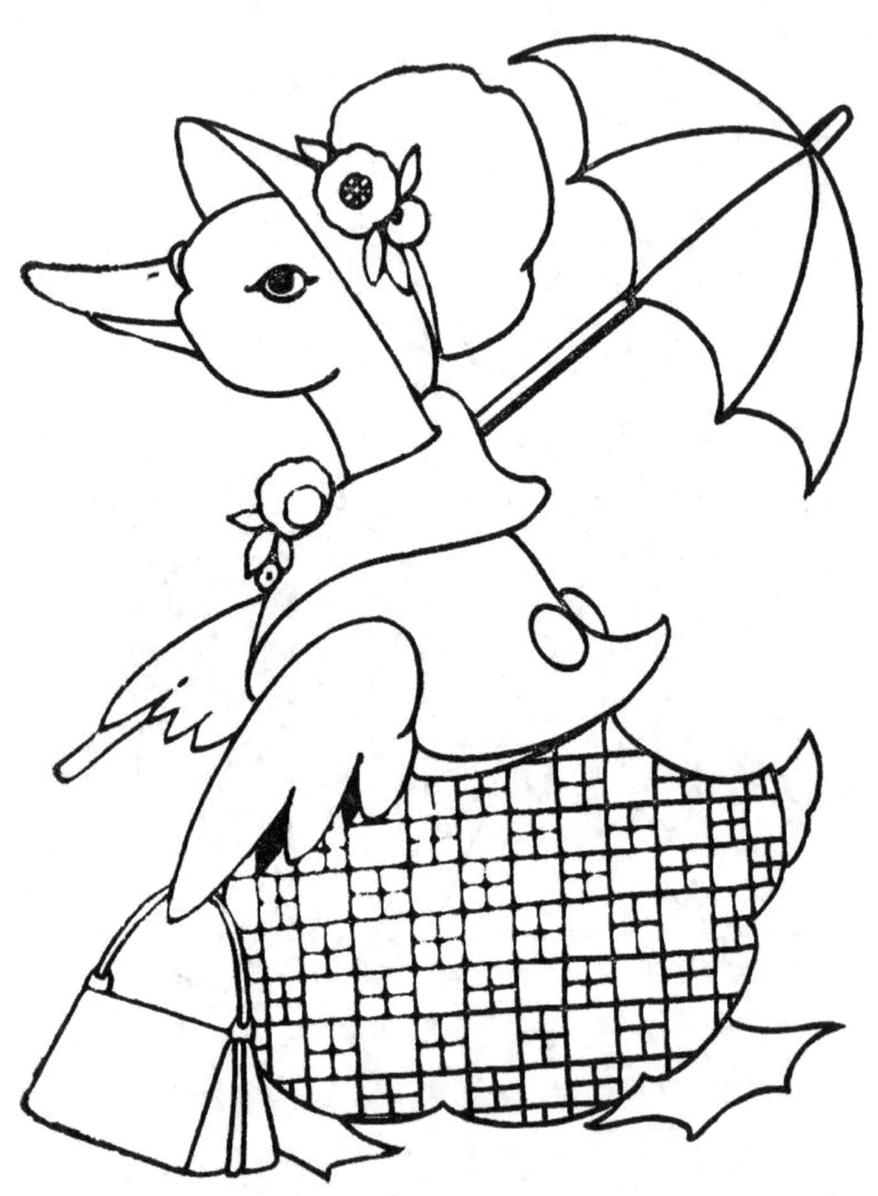

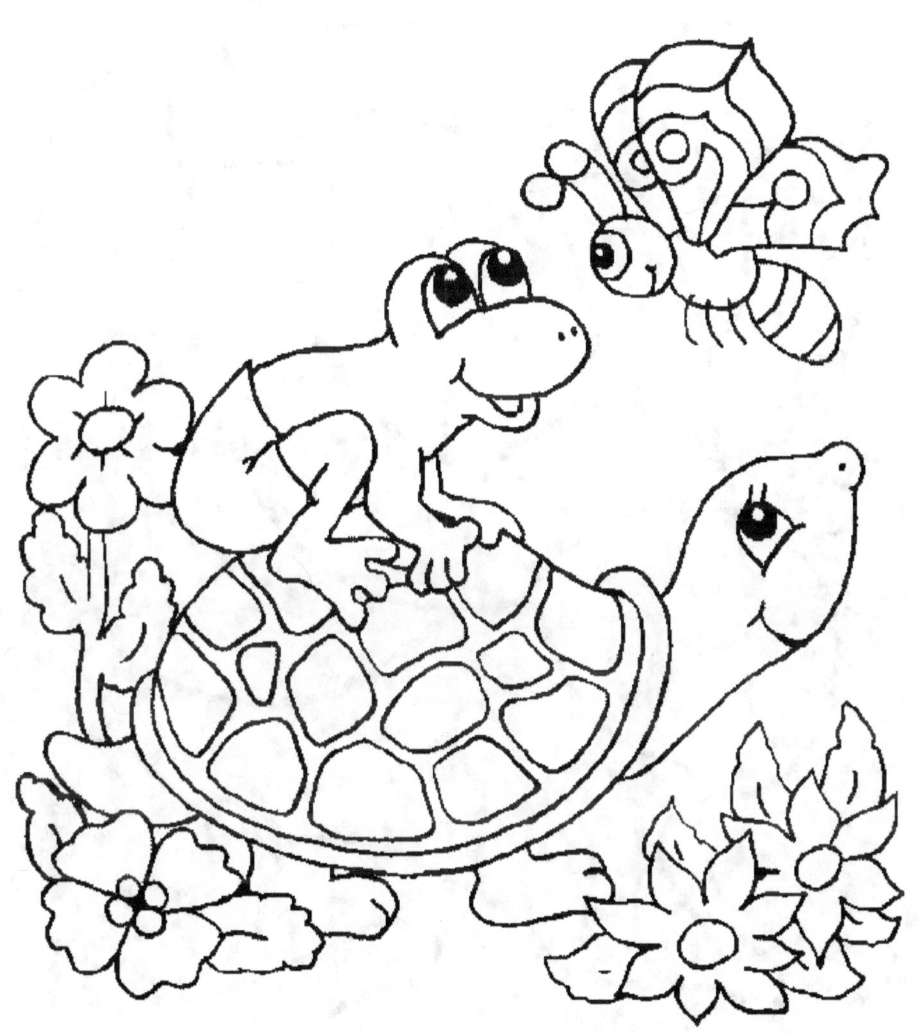

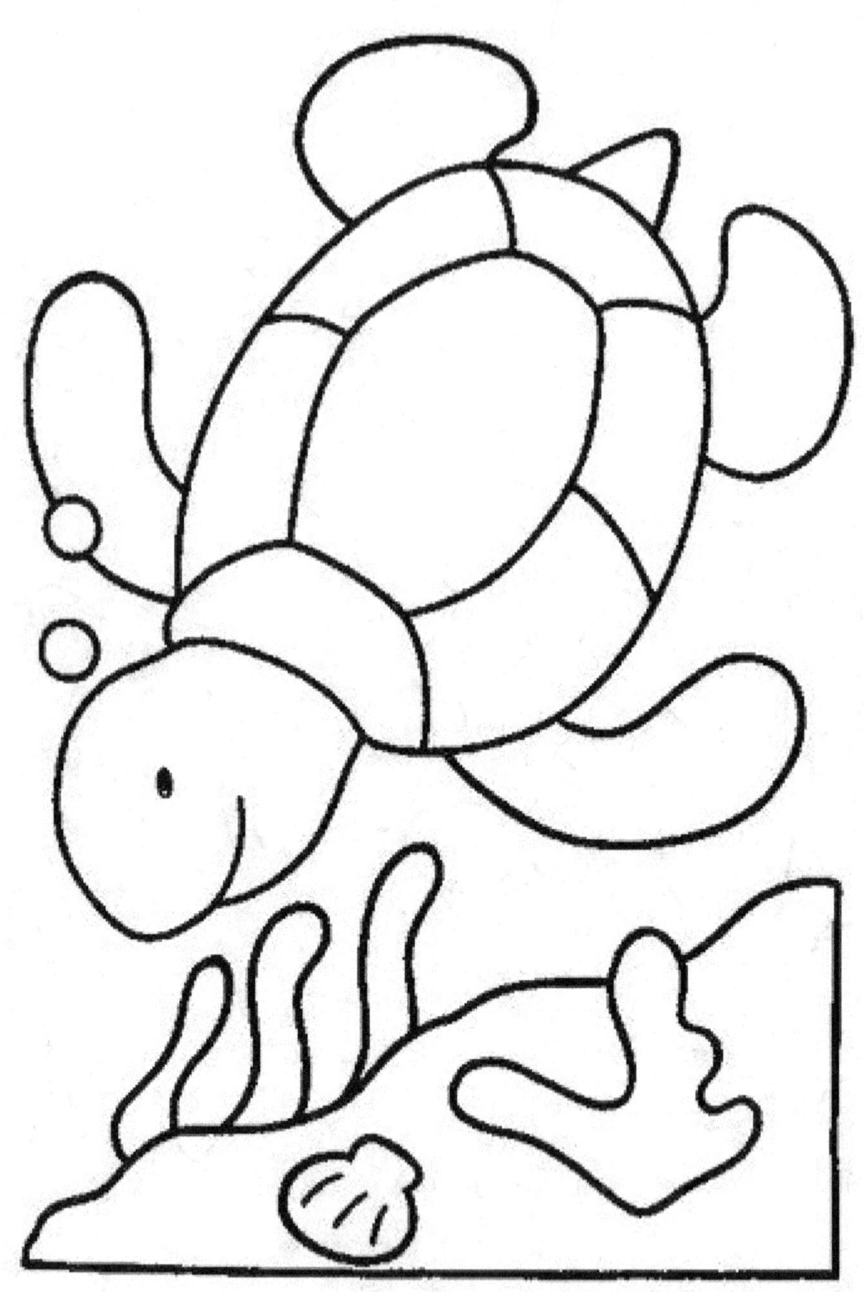

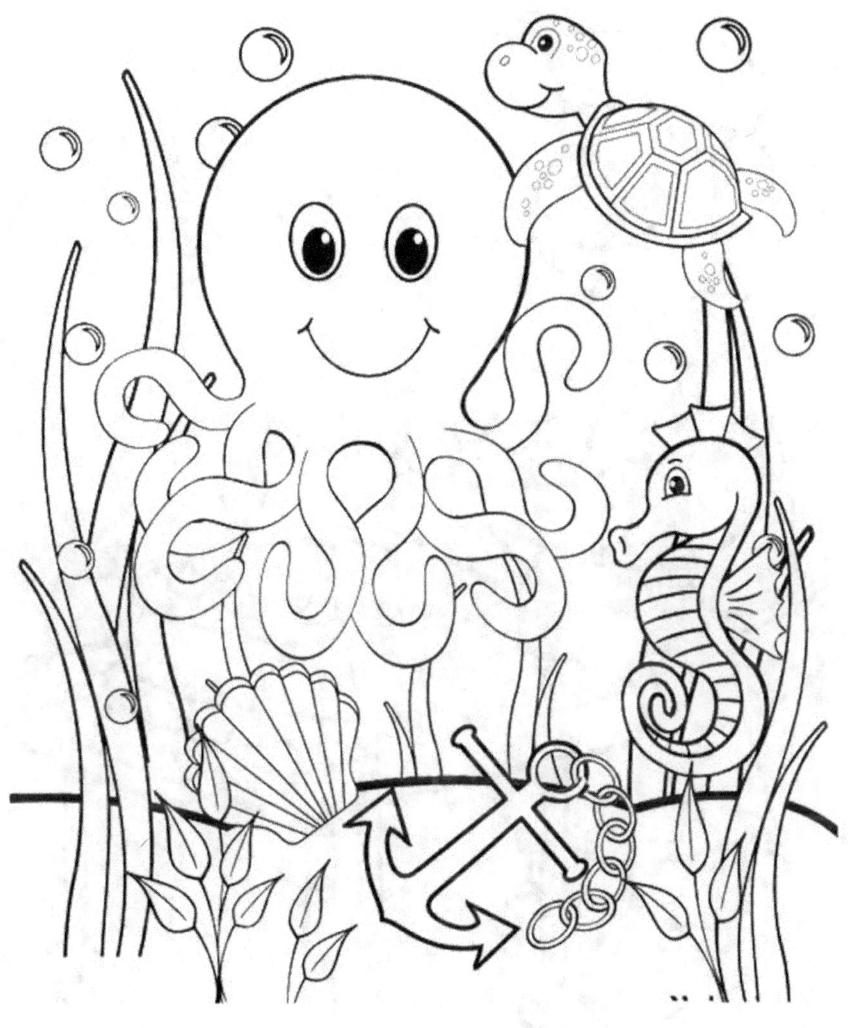

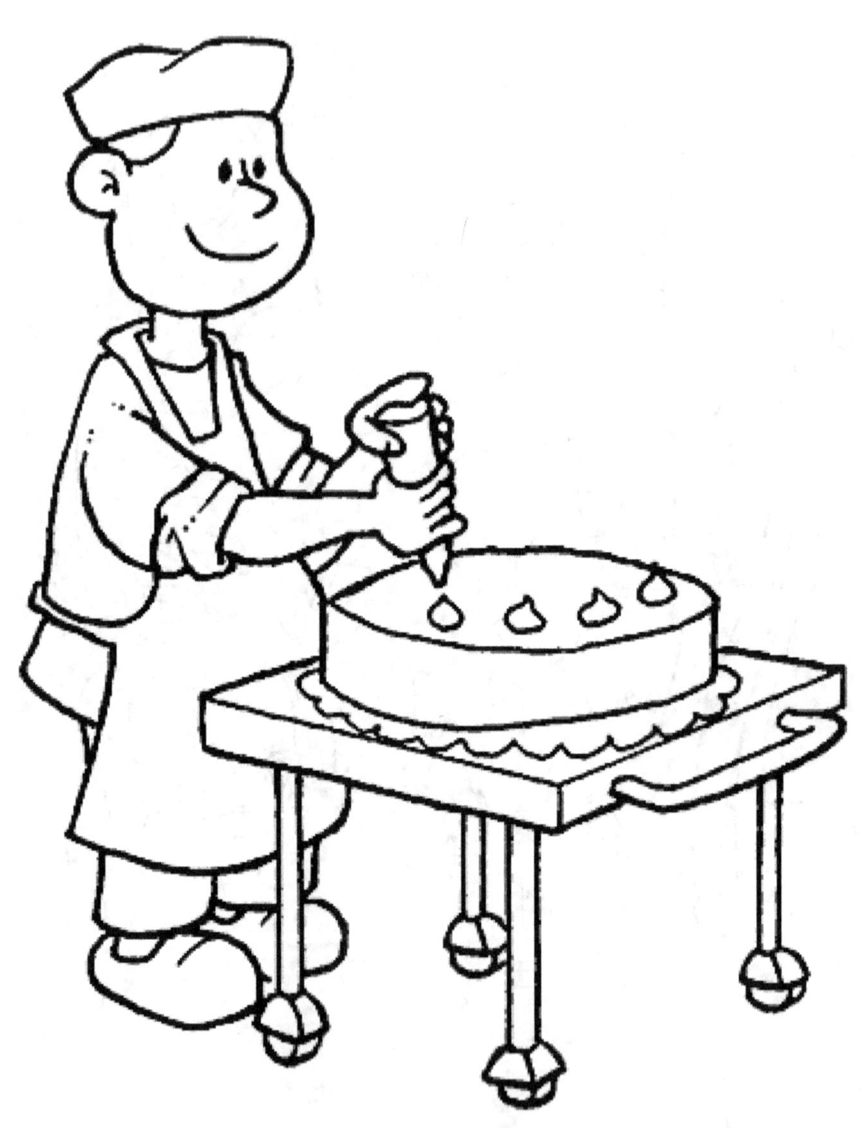